Bevölkerungsumsiedlungen nach ethnischen Kriterien

- ein Instrument zur friedlichen Lösung ethnischer Konflikte?

von

Dietmar Krist

Tectum Verlag
Marburg 2000

Die Deutsche Bibliothek - CIP-Einheitsaufnahme

Krist, Dietmar:
Bevölkerungsumsiedlungen nach ethnischen Kriterien
- ein Instrument zur friedlichen Lösung ethnischer Konflikte?
/ von Dietmar Krist
- Marburg : Tectum Verlag, 2000
ISBN 978-3-8288-8132-7

Tectum Verlag
Marburg 2000

Inhaltsverzeichnis

Abkürzungsverzeichnis

AA	Auswärtiges Amt
BiH	Bosna i Hercegovina (Bosnien-Herzegowina)
BMVg	Bundesministerium der Verteidigung
BPA	Bundespresseamt, Presse- und Informationsamt der Bundesregierung
BpB	Bundeszentrale für politische Bildung
EMRK	Europäische Menschenrechtskonvention
FAZ	Frankfurter Allgemeine Zeitung
FöBuH	muslimisch-kroatische Föderation von Bosnien und Herzegowina
HDZ	Kroatische Demokratische Gemeinschaft
HLKO	Haager Landkriegsordnung
HSS	Bauernpartei (Kroatien)
IFDT	Information für die Truppe
IFOR	Implementation Force
IMT	Internationales Militärtribunal, Nürnberg
JVA	Jugoslawische Volksarmee
KAS AI	Auslandsinformationen der Konrad-Adenauer-Stiftung

KFOR	Kosovo Force
NATO	North-Atlantic Treaty Organization
NGO	Nongovernmental Organization
NV	Nordatlantikvertag
NZWehrr	Neue Zeitschrift für Wehrrecht
OSZE	Organisation für Sicherheit und Zusammenarbeit in Europa
P.Q.	Parti Québécois
PLO	Palestine Liberation Organisation, palästinensische Befreiungsorganisation
Res.	Resolution
RS	Republika Srpska
RSK	Rebublika Srpska Krajina
SDP	Sozialdemokratische Partei (Kroatien)
SFOR	Stabilization Force
UÇK	Ushtria Çlirimtare e Kosovës (Befreiungsarmee des Kosovo)
UNC	Charta der Vereinten Nationen
UNHCR	Flüchtlingshilfswerk der Vereinten Nationen
UNSCOP	United Nations Special Comittee on Palestine
ZRP	Zeitschrift für Rechtspolitik

1. Einleitung

Die Zahl der Kriege hat wieder in einem erschreckenden Maß zugenommen. Im Zeitraum von 1945 bis 1992 wurden 190 kriegerische Handlungen registriert.[1] Allein im Jahr 1998 herrschten 35 Konflikte, die über die gesamte Weltkugel verteilt waren. Jedoch handelt es sich in den meisten Fällen nicht um sogenannte „klassische" Kriege im Sinne von internationalen Konflikten.[2] Die weitaus größere Zahl an Auseinandersetzungen findet im innerstaatlichen Bereich entweder zwischen rivalisierenden Parteien untereinander oder gegen den Staat statt. Nach dem Ende des kalten Krieges und dem Zusammenbruch der Sowjetunion zeigt sich, dass durch den Druck der kommunistischen Herrschaftsordnung ethnische Konflikte vielfach verhindert oder kontrolliert werden konnten. Durch das Fehlen des Herrschaftssystems musste sich der Westen unweigerlich mit den Problemen des neuen sicherheitspolitischen Vakuums befassen. Festzustellen ist, dass diese ethno-nationalen Auseinandersetzungen meist schreckliche Auswirkungen haben und oft auf ein Auslöschen der Bevölkerung abzielen. Auf internationaler Ebene führen die Krisen zu einer Völkerwanderung bisher nicht gekannten Ausmaßes. So befanden sich im Jahr 1994 weltweit 19 Millionen Menschen auf der Flucht.[3] 24 Millionen wurden innerhalb ihres Heimatlandes vertrieben. Die steigende Zahl der Flüchtlinge führt in den Aufnahmestaaten ebenso zu sozialem Unfrieden. Dadurch nehmen innerstaatliche Konflikte schnell globale Ausmaße an, die zu einer Bedrohung des Weltfriedens führen können. Der ehemalige Generalinspekteur der Bundeswehr, General Klaus Naumann, sprach in diesem Zusammenhang von einer interdependenten Welt, in der alle Staaten voneinander abhängig seien.[4]

---

[1] Vgl. Schultz: Die Auslandsentsendung von Bundeswehr und Bundesgrenzschutz zum Zwecke der Friedenswahrung und Verteidigung; S. 15-17.
[2] Vgl. BPA (Hrsg.): Verantwortung für Frieden und Freiheit; CD-ROM, Stichwort: ethnische Konflikte.
[3] Vgl. Opitz in: Opitz (Hrsg.): Weltprobleme; S. 136.
[4] Vgl. Naumann: Die Bundeswehr in einer Welt im Umbruch; S. 23 f.

Häufig sind die neu entstandenen Konflikte zwar ethnischen Ursprungs, können aber nicht ausnahmslos nur auf dieses Kriterium reduziert werden. Samuel P. Huntington, Professor an der Havard University of Cambridge, bemerkt jedoch eine erhebliche Steigerung dieses Konfliktpotentials:

> „Ich glaube, die Tendenz geht dahin, reale Staatsgrenzen mit den kulturellen und ethnischen Grenzen in Einklang zu bringen. Das geschieht sicherlich nicht überall. Jeder schaut im Moment auf das, was Miloševiæ im Kosovo macht. Niemand ist daran interessiert, was die Türken den Kurden seit vielen Jahren antun - gar nicht zu reden von Kaschmir, Sudan oder Sri Lanka."[5]

In den vergangenen Jahren zählte der Balkan zum größten Krisenherd des europäischen Raumes. Gerade die Bürgerkriege im ehemaligen Jugoslawien verdeutlichen die Unzulänglichkeiten des Völkerrechts sowie die daraus resultierende Handlungsunfähigkeit der internationalen Politik bei einem Eingreifen in innerstaatliche Kriege, die auf ethnischen Gesichtspunkten beruhen. Entweder nimmt die internationale Politik ethnische Konflikte nur am Rande war, oder sie steht ihr hilflos gegenüber. Unausweichlich erscheint eine Modifizierung des bestehenden Völkerrechtes, um ein effizientes Krisenmanagement zur Bewältigung der Konflikte an der Peripherie Europas zu schaffen - eine große Herausforderung an die Staatenwelt.

Neben der Behauptung, ein ethnischer Konflikt sei nicht von außen zu schlichten, da die Ursache des Krieges sich schon seit Jahrzehnten unterschwellig aufgebaut habe, steht oft die Vermutung, dass durch einen militärischen Eingriff ein friedliches Zusammenleben der verschiedenen Volksgruppen wieder ermöglicht werden könne.[6] Beide Thesen erscheinen jedoch nach näherer Betrachtung als zu oberflächlich. Chaim Kaufmann, Professor für Internationale Politik an der Lehigh University of Bethlehem in Pennsylvania, entwickelte eine Theorie, die darauf beruht, bei einer internationalen „Einmischung" in einen Krisenherd, die vorhandenen Konfliktparteien voneinander zu trennen, um die Gewalt wirkungsvoll zu deeskalieren.

---

[5] Interview mit Samuel P. Huntington in: FOCUS 19/1999; S. 162.

11

Die Theorie von Kaufmann beruht auf zwei Schlussfolgerungen: Erstens, in Bürgerkriegen verhärten Hypernationalisten durch Mobilisierung der eigenen Volksgruppe sowie begangene Gräueltaten die Identifikation der Bevölkerungsteile mit der eigenen Ethnie, so dass Appelle an ein friedliches Zusammenleben nicht mehr erfolgreich sein können.[7] Zweitens, Vereinbarungen, die eine durch verschiedene Ethnien durchmischte Gesellschaft voraussetzen, verursachen Sicherheitsrisiken, welche die Gewalt verstärken, ethnische Säuberungen bewirken und eine Deeskalation des Konfliktes verhindern bis die Volksgruppen voneinander getrennt sind. Deshalb sei es unmöglich, den ursprünglichen Staat wieder herzustellen. Der Krieg hat die Möglichkeit zur Zusammenarbeit der Ethnien zerstört.

Vernünftige Lösungen bei Bürgerkriegen seien folglich nur möglich, wenn die rivalisierenden Gruppen räumlich voneinander in Enklaven getrennt wären, die gegen die andere Gruppe verteidigt werden könnten. Diese Trennung reduziere den Grund für weitere Konflikte. Eine Intervention aber, ohne die streitenden Parteien voneinander zu trennen, funktioniere nur so lange die fremden Besatzungsmächte in der Region verblieben.

Dies ließe die Schlussfolgerung zu, dass Versuche zur Wiederherstellung der ursprünglich gemischt bevölkerten Staaten unterbleiben müssten, um einen weiteren Genozid zu verhindern. Statt dessen sei notwendig, die Abwanderung von Bevölkerungsgruppen zu erleichtern und zu beschützen, um einheitliche nationale Heimatländer zu schaffen. Eigenständigkeit spiele eine untergeordnete Rolle. Nur Gebiete, die von einer einzigen Volksgruppe besiedelt seien und von ihr verteidigt werden könnten, dämmten die Gewalt ein. Die Souveränität des Staates spiele dabei keine Rolle. Wenn erst Massaker geschehen seien, komme es unweigerlich zur ethnischen Säuberung. Die andere Alternative wäre, die einzelnen Bevölkerungsgruppen diese Säuberungsaktionen selbst durchführen zu lassen.

---

[6] Vgl. Kaufmann in: International Security; Vol. 20 No. 4, S. 136 f.
[7] Vgl. Kaufmann in: International Security; Vol. 20 No. 4, S. 137.

Diese Theorie wird vor allem in den Vereinigten Staaten von Wissenschaftlern und Politikern vertreten.[8] So behauptete der Historiker Bernard Newmann, dass man zur Herstellung der Sicherheit für eine Bevölkerungsmehrheit Unannehmlichkeiten in Kauf nehmen müsse. Der US-Präsident Herbert Clark Hoover, der von 1929 bis 1933 den Vereinigten Staaten vorstand, sah in einem Bevölkerungsaustausch sogar ein „heroisches Heilmittel".

Jedoch tauchen in diesem Zusammenhang eine Reihe von Fragen auf. So wäre es zum Beispiel paradox, zunächst die gewalttätige Vertreibung von Volksgruppen zu verurteilen, um sie später bei der Befriedung des Landes selbst durchzuführen.

Mit dieser Problematik möchte sich der Autor im Folgenden beschäftigen und anhand von verschiedenen Konflikten untersuchen, ob sich die Theorie Kaufmanns in der Praxis bewähren könnte. Einen Schwerpunkt soll dabei auf das Gebiet des ehemaligen Jugoslawien gelegt werden, da gerade in bezug auf die ethnische Problematik zahlreiche neuere Quellen vorhanden sind und die Fragestellung dadurch einen aktuellen Bezug erhält.

Im Anschluss daran wird untersucht werden, ob Kaufmanns Theorie auch präventiv im Konflikt der Israelis mit den Palästinensern und der Politik der ethnischen Abgrenzung in Quebec zur Umsetzung gelangen kann oder vielleicht schon umgesetzt wurde.

Vor einer Analyse der Theorie der ethnischen Trennung ist es zunächst notwendig, die Ursachen eines Konfliktes herauszuarbeiten.

---

[8] Vgl. Die Zukunft soll vernichtet werden; in DER SPIEGEL 14/1999, S. 176.

2. Die Entstehung von ethnischen Konflikten

2.1. Die Eigentümlichkeit von ethnischen Konflikten

Während in Bürgerkriegen mit ideologischem Hintergrund häufig die Loyalitäten wechseln, lassen sich die Feindbilder in ethnischen Konflikten nicht beliebig austauschen, da die Zugehörigkeit zu einer Volksgruppe auf der Geburt beruht.[9] Ein Volk definiert sich durch Gemeinsamkeiten in Territorium, Sprache, Kultur, Religion, Mentalität oder im gemeinsamen geschichtlichen Schicksal.[10] Derweil sich das ideologische Zugehörigkeitsgefühl auf politischem Wege schnell korrigieren lässt, können religiöse Bekenntnisse nur durch die Annahme eines anderen Glaubens geändert werden. Ethnische Konflikte beruhen jedoch nicht nur auf Unterschieden im Glauben, sondern auch in Sprache und Kultur.

„Wir haben es mit einer kollektiven Identität zu tun. Das ist ein sehr grundlegendes menschliches Bedürfnis. Menschen müssen sich mit einer anderen Gruppe abgrenzen und demonstrieren, daß sie überlegen sind."[11]

Die ethnische Zugehörigkeit wird durch mehrere Faktoren geprägt: Vor allem aber durch Historie, wachsendes Nationalitätsbewusstsein und ökonomische Konfliktfaktoren. Konflikte aufgrund von Minderheiten existieren in Europa spätestens seit dem ausgehenden Mittelalter. Die Vertreibungen von Juden und Muslimen in Spanien sind nur ein Beispiel für diese Zeit.[12] Heute ist es das ehemalige Jugoslawien, das aufgrund dieser Tatsache zerfiel:

„Bismarck once said, that there are only two things in life that do not change - history and geography."[13]

---

[9] Vgl. Kaufmann in: International Security; Vol. 20 No. 4, S. 139 - 147.
[10] Vgl. Heintze: Selbstbestimmungsrecht und Minderheitenrechte im Völkerrecht; S. 44.
[11] Interview mit Samuel P. Huntington in: FOCUS 19/1999; S. 160.
[12] Vgl. Schmidt-Häuer: Europas ewiger Unfriede; in: DIE ZEIT, 22.04.1999, S. 3.
[13] Münchner Konferenz für Sicherheitspolitik (Hrsg.): Rede des U.S.-Verteidigungsministers William S. Cohen bei der XXXV. Münchner Sicherheitskonferenz, München, 1999; S. 4.

14

Jugoslawien bestand bis zu Beginn des 20. Jahrhunderts aus mehreren Kleinstaaten mit wechselvoller Geschichte und großen soziokulturellen Unterschieden, die erst Ende des Ersten Weltkrieges zu einem Staat zusammengeschlossen wurden.[14] Im Mittelalter koalierte der Volksstamm der Kroaten sehr stark mit Ungarn und gehörte dem römisch-katholischen Glauben an, während die Serben durch Bulgarien sowie Ostrom von der orthodoxen Kirche geprägt wurden. Ein Datum, das heute noch als serbischer Nationalfeiertag begangen wird, avancierte zum Wendepunkt der Geschichte des Balkans: Am 28. Juni 1389 unterlagen die Serben auf dem Amselfeld dem Heer des Osmanenherrschers Muhrad I. und wurden durch die folgende Diskriminierung der orthodoxen Kirche islamisiert. Durch den muslimischen Einfluss auf dem Balkan verschoben sich auch die konfessionellen Grenzen.[15]

Während Kroaten und Slawonen bis zum Ende des Ersten Weltkrieges dem Königreich Österreich-Ungarn angehörten und somit unter westlichem Einfluss standen, konnten sich die Serben in den Balkankriegen 1912 und 1913 ihre Unabhängigkeit von dem Osmanenreich erkämpfen und Teile Mazedoniens sowie das Kosovo hinzugewinnen.[16]

Ein friedliches Zusammenleben verschiedener Ethnien schien zu diesem Zeitpunkt durchaus möglich gewesen zu sein. So besaß Bosnien-Herzegowina (BiH) nach der Besetzung durch Österreich-Ungarn erstmals sogar eine Gewaltenteilung zwischen den Ethnien, indem die drei Hauptkonfessionen paritätisch an der Regierung des Landes mitbeteiligt waren.[17]

Am 28. Juni 1914 ermordeten Mitglieder der national-serbischen Freiheitsbewegung das österreichische Thronfolgerpaar - der Erste Weltkrieg brach aus.[18] Als im Zuge des Versailler Friedensvertrages 1918 das „Königreich der Serben, Kroaten und Slowenen" unter serbischer Führung ge-

[14] Vgl. Razumovsky: Chaos Jugoslawien; S. 17 - 20, 35.
[15] Vgl. Calic: Krieg und Frieden in Bosnien-Hercegovina,; S. 48.
[16] Vgl. Bathe; Glodschey: Der Kampf um den Balkan; S. 11.
[17] Vgl. Redslob: Abhängige Länder; S. 224.
[18] Vgl. Libal: Das Ende Jugoslawiens; S. 20-27.

schaffen wurde, waren erstmals die verschiedenen Gebiete der Balkan-
stämme unter einer Führung vereint. Es bestanden in dem neuen Staat aber
nicht nur sprachliche, kulturelle und religiöse Unterschiede, sondern auch
ein wirtschaftliches Nord-Süd-Gefälle durch die von Österreich-Ungarn
vorangetriebene Industrialisierung in Kroatien und Slawonien. Die serbische Königsdiktatur bewirkte eine dominante Stellung Serbiens, wodurch
die anderen Volksgruppen benachteiligt wurden.

Als 1934 der serbische König ermordet wurde, verbarg sich dahinter die
kroatisch-faschistische Ustaša.[19] Im Verlauf des Zweiten Weltkrieges be-
ging sie, nachdem deutsche Truppen im April 1941 die Balkanländer besetzt hatten, unter dem Einfluss des Dritten Reiches Gräueltaten an der
serbischen Bevölkerung.[20] Ziel war ein ethnisch homogener großkroati-
scher Staat auf der Grundlage des durch Hitler protegierten „Unabhängigen
Staates Kroatien".[21] Im Gegenzug verfolgten die serbisch-monarchisti-
schen Èetniks Kroaten und Moslems.[22] Die von beiden Seiten verübten
Massaker mit rund zwei Millionen Toten konnten erst Ende des Zweiten
Weltkrieges durch den Sieg der Partisanen unter der Führung des späteren
Staatsoberhauptes Gesamt-Jugoslawiens, Josip Broz Tito, mit der gleichen
Härte und Gräuel beendet werden. Während die vorangegangenen Abnei-
gungen zwischen den einzelnen Ethnien nur noch in den Geschichtsbü-
chern zu finden sind, blieben die während und kurz nach dem Krieg begangenen Gräueltaten bis heute im Gedächtnis der Bevölkerung. Sie waren
totgeschwiegen und niemals aufgearbeitet worden.[23] Mit der Gründung der
Föderativen Volksrepublik Jugoslawiens (FNRJ), wurde das Staatsgebiet
und Regierungssystem geschaffen, das bis zum Tode Titos 1980 bestand
hatte: die sechs Teilrepubliken Serbien, Kroatien, Slowenien, Bosnien-
Herzegowina, Mazedonien und Montenegro sowie die zwei autonomen
Provinzen, Vojvodina und Kosovo. Als Tito begann, Flüchtlinge aus Alba-

[19] Vgl. Razumovsky: Chaos Jugoslawien; S. 55-63.
[20] Vgl. Bathe; Glodschey: Der Kampf um den Balkan; S. 113-118.
[21] Vgl. Calic: Krieg und Frieden in Bosnien-Hercegovina; S. 52-56.
[22] Vgl. Manousakis in: Europäische Sicherheit 1/94, S. 22.
[23] Vgl. Hassner in: Kaiser; Schwarz (Hrsg.): Die neue Weltpolitik; S. 94.

nien im Kosovo anzusiedeln und der Provinz die Autonomie verlieh, um dadurch eine Einverleibung des Nachbarstaates zu ermöglichen, wurde die serbische Bevölkerungsgruppe zurückgedrängt. Der Jahrzehnte später einsetzende Nationalismus war vorprogrammiert. Mit der Ernennung Alexander Rankoviæ zum Innenminister und Chef der Geheimpolizei setzte im Gegenzug zum Schutz der dort beheimateten Serben die Unterdrückung der Albaner ein, die sich noch verstärkte, als er zum Vizepräsident Jugoslawiens ernannt wurde.

Das Bewusstsein der eigenen Nationalität hatte sich auf dem Balkan im Gegenzug zu anderen europäischen Staaten sehr spät entwickelt. Die einzelnen Volksstämme der Teilgebiete Jugoslawiens bildeten erst im 19. Jahrhundert ein eigenes Nationalbewusstsein heraus, das weitgehend in den daraus resultierenden Unabhängigkeitsbestrebungen gegenüber Österreich-Ungarn und dem Osmanischen Reich sowie der Forderung zu einem Zusammenschluss aller Südslawen gipfelte, denen erst mit der Gründung des Königreiches Rechnung getragen wurde.[24]

Durch die Dominanz Serbiens im erstmals geschaffenen gemeinsamen Staat war die Einheit des Staates jedoch zunehmend als Belastung verstanden worden. Nicht nur im Königreich, sondern auch in der Tito-Ära konnten dadurch die nationalen Gegensätze nicht beseitigt werden.[25] Dieses Faktum wurde mit der ersten Volkszählung 1961 deutlich. Nur 317 000 von 18, 5 Millionen Staatsbürger fühlten sich als Jugoslawen - der Rest als Angehörige der jeweiligen Minderheit. Erneute Zählungen von 1981 und 1991 bekräftigten dies.[26]

---

[24] Vgl. Bartl: Grundzüge der Jugoslawischen Geschichte; S. 51-69.
[25] Vgl. Rullmann: Krisenherd Balkan; S. 392.
[26] Tabelle aus: Calic: Krieg und Frieden in Bosnien-Hercegovina; S. 18.

Angaben in Prozent- punkten	Jugo- slawien	Kroati- en	Bosni- en- Herce- govina	Make- donien	Slowenien	Monte- negro	Ser- bien	Vojvo- dina	Ko- sovo
Serben	**36,3**	11,5	32,0	2,4	2,3	3,3	**85,4**	**54,4**	13,2
Kroaten	19,7	**75,1**	18,4	0,2	3,0	1,2	0,5	5,4	0,6
Muslime	8,9	0,5	**39,5**	2,1	0,7	13,4	2,7	0,2	3,7
Slowenen	7,8	0,5	0,1	0,1	**90,5**	0,2	0,1	0,2	0,0
Mazedonier	6,0	0,1	0,0	**67,0**	0,2	0,2	0,5	0,9	0,1
Montene- griner	2,6	0,2	0,3	0,2	0,2	**68,7**	1,4	2,1	1,7
Albaner	7,7	0,1	0,1	19,8	0,1	6,5	1,3	0,2	**77,5**
Ungarn	1,9	0,5	0,0	0,0	0,5	0,0	0,1	19,0	0.0
Roma	0,7	0,1	0,2	2,2	0,1	0,3	1,0	0,9	2,1
Türken	0,5	0,0	0,0	4,6	0,0	0,0	0,0	0,0	0,8
Sonstige Minderhei- ten	1,5	1,2	0,3	0,6	0,4	0,3	1,5	8,1	0,0
Jugoslawen ohne Anga- ben	5,8	8,2	7,9	0,7	1,4	5,3	4,8	8,2	0,2
Unbekannt	0,9	1,8	1,1	0,3	0,7	0,7	0,8	0,3	0,1

Die Tabelle zeigt eine starke Vermischung der Ethnien im Vielvölkerstaat Jugoslawien. Während die katholischen Kroaten, die orthodoxen Serben und die bosnischen Muslime die serbokroatische Sprache verbinden, trennt sie die lateinische Schrift von der kyrillischen der Serben.[27] Weite Teile des Kosovos sind von Albanern besiedelt, die neben Slowenen und Maze- donen ihre eigene Sprache besitzen. Zudem gab es bis zum Zerfall Jugo- slawiens große Minderheiten der unterschiedlichen Volksgruppen in allen Teilrepubliken.

---

[27] Vgl. Lemberg: Nationalismus I; S. 155.

Zur Gründung einer nationalen Bewegung im kommunistischen Jugoslawien kam es jedoch lediglich in Kroatien.[28] In den anderen Teilrepubliken gab es nur einzelne Aktionen.[29] Anfang der siebziger Jahre bildete sich eine Opposition, die vor allem aus Studenten bestand und die unter anderem einen politischen Pluralismus, eine Föderalisierung der Armeestruktur sowie ein neues Devisengesetz forderten. Grund dafür war, dass die Devisen aus dem Fremdenverkehr der Küstenregion von Istrien und Dalmatien vor allem in die serbische Industrie investiert wurden. Tito ließ 1971 den sogenannten „kroatischen Frühling" mit Waffengewalt niederschlagen und säuberte den Parteiapparat von Oppositionellen. Fast alle führenden Politiker des jetzigen Kroatiens fielen den Säuberungen zum Opfer. Trotzdem wurde in der Verfassungsänderung von 1974 der Opposition Rechnung getragen, indem die Teilrepubliken weitgehend unabhängig von Belgrad waren. Das Regierungssystem entsprach nun einer Konföderation. Im Staatspräsidium waren jeweils ein Vertreter aus jeder Teilrepublik und den zwei autonomen Provinzen vertreten. Der Bundesregierung unterstanden seitdem nur noch die Währungs- und Steuerpolitik, der Fonds zur Förderung unterentwickelter Gebiete sowie die außenpolitischen Wirtschaftsbeziehungen.[30] Nur dadurch hoffte die Regierung, weitere Forderungen nach Eigenständigkeit eindämmen zu können, bewirkte aber eine Rückkehr des alten Nationalismus.[31]

Einen ersten Versuch zur Eindämmung des nationalen Aufbegehrens hatte Tito bereits in den 1960er Jahren unternommen, als er die bosnischen Muslime als weiteres staatstragendes Volk anerkannte und an der Regierungsmacht beteiligte, um Rivalitäten zwischen Serben und Kroaten auszugleichen.[32] Ebenso richtete er das Rotationsprinzip der Präsidentschaft in der Teilrepublik BiH ein.

[28] Vgl. Rullmann: Krisenherd Balkan; S. 392-414.
[29] Vgl. Calic: Krieg und Frieden in Bosnien-Hercegovina; S. 65 ff.
[30] Vgl. Zuchtmeister im Völkerkäfig; in: DER SPIEGEL 32/1999; S. 109 f.
[31] Vgl. Hassner in: Kaiser; Schwarz (Hrsg.): Die neue Weltpolitik; S. 94.
[32] Vgl. Europa Publication (Hrsg.): Europa World Year Book. Volume I; S. 650.

Jedoch werden im Vorfeld ethnischer Konflikte in der Bevölkerung latente Feindbilder aufgebaut, die bis hin zur Vernichtung der gegnerischen Bevölkerungsgruppe reichen können.[33] So geschah es auch in Jugoslawien. Die alten Vorurteile gegen die jeweils andere Religion brachen wieder auf.[34] Muslime galten als rückständig, bei der Wahl des Ehepartners wurde auf die Nationalität geachtet, und ein Großteil der Bevölkerung sah die multiethnische Zusammenarbeit auf der Regierungsebene des Vielvölkerstaates als konfliktreich an. Im September 1990 demonstrierten bosnische Muslime für mehr Rechte ihrer Landsleute im benachbarten Sandjak.[35] Radikale Nationalisten der verschiedenen Volksgruppen Bosniens gewannen dadurch weiteren Zuwachs.

Neben den Kritikpunkten der kroatischen Opposition in den siebziger Jahren kam nun noch hinzu, dass 1974 mit der Bildung einer Konföderation sich die Teilrepubliken wirtschaftlich immer weiter auseinander entwickelt hatten. Ein Anstieg der Inflationsrate auf über 200 Prozent führte zu partiellen Preiskontrollen und ein zunehmender Zollschutz ließ nun die reicheren Regionen noch reicher werden. Dies verschärfte die Lage in den wirtschaftsschwachen Republiken.[36]

---

[33] Vgl. Flohr: Feindbilder in der internationalen Politik; S. 28.
[34] Vgl. Calic: Krieg und Frieden in Bosnien-Hercegovina; S. .57 ff.
[35] Vgl. Europa Publication (Hrsg.): Europa World Year Book. Volume I; S. 650.
[36] Vgl. Sehnsucht nach Tito; in: DER SPIEGEL 14/1999, S. 170.

20

	Jährlicher Pro-Kopf-Index des Einkommens		Anteil des BSP	Quote der Arbeitslosen		Analphabetenquote	Durchschnitt. Jährl. Bevölkerungszuwachs	Bevölkerungsanteil
Jahr	**1947**	**1981**	**1980**	**1966**	**1981**	**1971**	**1971-1981**	**1981**
Slowenien	175	198	16,9 %	2,6 %	1,5 %	1,2 %	0,95 %	8,5 %
Kroatien	107	125	25,9 %	6,1 %	5,6 %	9,0 %	0,49 %	20,0 %
Vojvodina	109	117	10,3 %	5,4 %	12,5 %	9,0 %	0,49 %	9,0 %
Serbien	96	98	25,1 %	7,0 %	14,9 %	17,6 %	0,95 %	26,0 %
Montenegro	71	75	2,1 %	7,6 %	15,0 %	16,7 %	1,0 %	2,6 %
Bosn.-Herc.	83	67	12,1 %	5,3 %	14,1 %	23,2 %	1,0 %	18,4 %
Makedonien	62	67	5,6 %	16,4 %	22,3 %	18,1 %	1,61 %	8,5 %
Kosovo	53	30	2,0 %	21,0 %	27,7 %	31,5 %	2,75 %	7,1 %
Jugoslawien	**100**	**100**	**100 %**	**6,9 %**	**14,9 %**	**15,1 %**	**0,61 %**	**100 %**

Die Folgen waren ein Rückgang der Produktion, eine Zunahme der Arbeitslosigkeit und ein Einbruch der Exportquote dieser Gebiete. Sie verschlimmerten sich mit dem Zerfall der gesamtstaatlichen Regierungsstruktur.[37] Anfang der achtziger Jahre beliefen sich die Auslandsschulden Jugoslawiens auf 22 Milliarden Dollar, während das Bruttosozialprodukt pro Kopf nur 2520 Dollar betrug. Das Land befand sich im wirtschaftlichen Ruin.[38] Dies war ein weiteres Stück in dem Mosaik der Voraussetzungen, die zum Ausbruch des späteren Konfliktes führen konnten.[39]

2.2. Die Radikalisierung der Volksgruppen

Die genannten Gründe sind jedoch nicht allein verantwortlich für den Ausbruch ethnischer Konflikte.

---

[37] Vgl. Eger: Das regionale Entwicklungsgefälle in Jugoslawien; S. 87.
[38] Vgl. BpB (Hrsg.): Das Ende Jugoslawiens, 1992; S.10.
[39] Tabelle: Ebenda.

Ein Staat basiert auf der gegenseitigen Abhängigkeit der Individuen sowie der Solidarität ihrer Interessen.[40] Die Bevölkerung des Staates unterstützt das Regierungssystem, solange sie sich zur Verwirklichung ihrer Interessen einen größeren Vorteil verspricht, als in der Änderung des Systems. Ist eine Interessenverwirklichung nicht mehr möglich, zerfällt der Staat.

Als Folge der Verschlechterung der wirtschaftlichen Situation errangen radikal-nationalistische Parteien in den einzelnen Teilrepubliken des ehemaligen Jugoslawien wachsenden Zulauf. Die Fronten verhärteten sich zusehends. Huntington äußerte sich dazu folgendermaßen:

„Auf dem Balkan gibt es sicherlich so etwas wie ein historisches Gedächtnis, das in einigen Fällen hunderte von Jahren zurückreicht. Skrupellose Politiker können dies ausnutzen. Ich denke, man muß bis in die frühen 80er Jahre zurückgehen. Die Serben waren damals sehr besorgt über die Unterdrückung ihrer serbischen Landsleute im Kosovo durch die albanische Mehrheit. Miloševiækonnte daraus Kapital schlagen."[41]

Das Nationalbewusstsein mit der eigenen Volksgruppe wird durch die nun einsetzende Propaganda von beiden Seiten zunehmend verstärkt, so dass ein Dialog untereinander unmöglich wird.[42] Nach dem Tode Titos hätte in Jugoslawien die Nachfolgeregelung der Verfassung von 1974 erst erprobt werden können, die eine Rotation der Präsidentschaft zwischen den Ethnien vorsah.[43] Nun stand das Modell des Vielvölkerstaates vor dem Scheitern.

Der alte Nationalismus kam aber aufgrund der zunehmend schlechter werdenden wirtschaftlichen Lage wieder zum Vorschein.[44] Schon 1981 forderten die Albaner eine eigene Teilrepublik Kosovo.[45]

Aber auch eine Bevölkerungsexplosion kann die Ursache eines ethnischen Konfliktes sein.[46] Die Serben stilisierten ihre Abneigung gegen die Musli-

---

[40] Vgl. Redslob: Abhängige Länder; S. 8, 18.
[41] Interview mit Samuel P. Huntington in: FOCUS 19/1999; S. 159.
[42] Vgl. Kaufmann in: International Security; Vol. 20 No. 4, S. 143 f.
[43] Vgl. BpB (Hrsg.): Das Ende Jugoslawiens; 1992, S. 12-14.
[44] Vgl. Lemberg: Nationalismus I; S. 155.
[45] Vgl. Razumovsky: Chaos Jugoslawien; S. 142, 150-157.

me zu einem Überlebenskampf des Christentums gegen den Islam wie
einst 1389 auf dem Amselfeld hoch, da die muslimische Volksgruppe eine
um ein vielfaches höhere Bevölkerungswachstumsrate besaß.[47] Ziel der
serbischen Politik nach Titos Tod 1980 war es nun die autonomen Provinzen, Kosovo und Vojvodina, wieder in die serbische Teilrepublik zu integrieren, um somit ein Großserbien zu schaffen. Die Kosovo-Albaner wollten jedoch ihre Eigenständigkeit behalten. Im März 1989 kam es bei
Massendemonstrationen zu den ersten Todesfällen. Die albanische Führung des Kosovo wurde ein Jahr später mit Hilfe der Nationalen Volksarmee durch eine Militärregierung ersetzt. Wirtschaftlich war das Land am
Ende. Die Arbeitslosigkeit war auf 65 Prozent gestiegen. Dies galt aber
nicht nur für das Kosovo. In ganz Jugoslawien war der Lebensstandard um
die Hälfte gesunken. Auch der bosnische Kroate Ante Markoviæ, der zum
Ministerpräsidenten gewählt wurde, konnte mit seinem Reformprogramm
die Inflation nicht mehr stoppen. Wachsender Nationalismus und Separatismus machten seine Politik zunichte. Kroaten und Slowenen warfen ihm
vor, eine Deflationspolitik zu betreiben und von den Serben abhängig zu
sein. Als Kroatien und Slowenien am 25. Juni 1991 ihren Austritt aus dem
Bundesstaat erklärten, wurde die jugoslawische Nationalbank aus dem
Geldverkehr ausgeschlossen und somit der endgültige wirtschaftliche Ruin
Jugoslawiens besiegelt.

Maßgeblich verantwortlich für den Zerfall des Staates war die Propaganda
der serbischen Nationalisten, denen eine große Zahl Intellektueller ange-
hörte.[48] Endgültig zum Durchbruch kamen sie mit der Wahl 1986 von Slo-
bodan Miloševiæzum Vorsitzenden des serbischen Bundes der Kommuni-
sten (BdK).[49] Er behielt den alten Staatsapparat bei und ersetzte die Ideo-

---

[46] Vgl. Schindler in: Revue Egyptienne de droit International, 52/1996, S. 5.
[47] Vgl. Reljic in: Blätter für deutsche und internationale Politik; März/1999; S. 285.
[48] Vgl. Gaisbacher (Hrsg.): Krieg in Europa. Analysen aus dem ehemaligen Jugoslawi-
en; S. 182-186.
[49] Vgl. Reljic in: Weidenfeld (Hrsg.): Demokratie und Marktwirtschaft in Osteuropa;
S. 341-354.

logie des Marxismus-Leninismus durch völkischen Nationalismus.[50] In der slowenischen Presse sprach man von einem „neuen Mussolini".[51] Von diesem Zeitpunkt an begann die Gleichschaltung von Politik und Presse auf einen national-kommunistischen Kurs. Er versuchte auch die serbischen Minderheiten in den anderen Teilrepubliken in einer nationalen Bewegung zu einen - nicht zuletzt durch seine Rede 1989 auf dem Amselfeld, wo er den alten Mythos des Kampfes zwischen dem christlichen Abendland und dem muslimischen Morgenland wieder aufleben ließ. Ende der achtziger Jahre hatte sich ein Führerkult um ihn gebildet. Die Opposition war beseitigt worden und der Traum von einem Großserbien wieder aufgekommen.

Der Zerfall des Staates beginnt mit seiner Auflösung.[52] Die „Wiener Konvention über die Nachfolge von Staaten in der Achtung der Verträge" von 1978 spricht dabei in Art. 34 von einer Abspaltung von Teilen des Staates. Beide Teilrepubliken, Kroatien und Slowenien, distanzierten sich vom bis dato praktizierten Kommunismus und betonten das föderale Prinzip in der Verfassung Jugoslawiens.[53] Sie leiteten 1990 Reformen ein.[54] Es kam zu den ersten freien Wahlen in den Teilrepubliken, so dass Jugoslawien an der klassischen Trennungslinie auseinanderbrach - der bis zum Ende des Ersten Weltkrieges bestehenden Grenze zwischen Österreich-Ungarn und dem Osmanischen Reich.[55] Daraufhin löste sich auch der jugoslawische BdK auf.[56] Aus der slowenischen Wahl ging das national-konservative Bündnis DEMOS unter dem Reformkommunisten Milan Kuèan hervor. Die liberale Mitte und reformerische Linke bildeten neben den Nationalkonservativen - vergleichbar mit britischen oder schwedischen Konservativen - die Regierung. Kuèan wurde zum Republikpräsidenten gewählt.

---

[50] Vgl. Hassner in: Kaiser; Schwarz (Hrsg.): Die neue Weltpolitik; S. 95.
[51] Vgl. Sehnsucht nach Tito; in: DER SPIEGEL 14/1999, S. 170.
[52] Vgl. Schindler Revue Egyptienne de droit International, 52/1996, S. 5.
[53] Vgl. Gaisbacher (Hrsg.): Krieg in Europa. Analysen aus dem ehemaligen Jugoslawien; S. 176-182.
[54] Vgl. Razumovsky: Chaos Jugoslawien; S. 157-165.
[55] Vgl. BpB (Hrsg.): Das Ende Jugoslawiens; 1992, S. 12-15.
[56] Vgl. Reuter in: Weidenfeld (Hrsg.): Demokratie und Marktwirtschaft in Osteuropa; S. 306-317.

In Kroatien konnte sich zwar die „Kroatisch-Demokratische Gemeinschaft" (HDZ) unter Franjo Tudjman durchsetzen. Sie hatte jedoch auf den
kroatischen Nationalismus gesetzt - unter anderem auch auf die Bauern-
partei (HSS) und die Partei von Ante Starèeviæ- und griffen auf Symbole
und Propaganda der Ustaša zurück. Betriebe gerieten zunehmend unter
politische Kontrolle, die Medien wurden gleichgeschaltet, Minderheiten
schikaniert. Tudjman selbst sah sich gerne in der Rolle des „Poglavar", des
Führers.[57] Slowenien und Kroatien distanzierten sich durch Verfas-
sungsänderungen vom Gesamtstaat Jugoslawien. In der kroatischen Verfassung von 1990 wurden alle Nichtkroaten zu Bürgern zweiter Klasse de-
gradiert. Slowenien begann mit dem Aufbau einer eigenen Armee. Beide
Staaten schlugen eine Konföderation vor. Diese hätte den Gesamtstaat auf
eine Wirtschaftsgemeinschaft mit Zollunion reduziert, der eventuell noch
eine gemeinsame Verteidigung zugestanden worden wäre. Jede Republik
hätte demnach eine eigene Währung, ein eigenes Rechtssystem und eine
eigene Armee besessen, von der Teile einem Oberbefehl hätten unterstellt
werden können. Serbien wendete sich nun vom Erhalt Jugoslawiens ab.
Unter dem Motto „Serbien kann es auch alleine" betrieb Miloševiæ eine
Destabilisierungspolitik, indem er in einer Propagandawelle Albanern,
Kroaten und Slowenen Nationalismus, Separatismus, Faschismus sowie
Völkermord vorwarf. Ziel war ein großserbischer Staat. Daher fiel Serbien
später die alleinige Kriegsschuld zu.[58]

Zunehmend verschärfte sich die politische Situation in Jugoslawien.[59] Als
Kroatisch durch eine Verfassungsänderung im Juli 1990 zur alleinigen
Amtssprache Kroatiens erklärt wurde, gründete die „Serbische Demokratische Partei" unter Jovan Raskovic´ ein Gegenparlament, das ein Referendum zur serbischen Autonomie verabschiedete und daraufhin sofort ver-

---

[57] Vgl. Schleicher: Eisen und Blut; in: DER SPIEGEL 44/1999, S. 194.
[58] Vgl. Ministertagung des Nordatlantikrates vom 17. Dezember 1992 in Brüssel: Erklärung zur Lage im ehemaligen Jugoslawien; in: Auswärtiges Amt (Hrsg.): Außenpolitik der Bundesrepublik Deutschland; S. 887.
[59] Vgl. BpB (Hrsg.): Das Ende Jugoslawiens; 1992, S. 14-16.

boten wurde.[60] Im August kam es zum ersten serbischen Aufstand in dem hunderte Serben eine Polizeistation stürmten und sich selbst bewaffneten. Die Serben rüsteten sich nun durch Überfälle mit Waffen der Jugoslawischen Volksarmee aus. Im April begann Kroatien ebenfalls mit dem Aufbau einer Nationalgarde und erklärte, die Unabhängigkeit notfalls auch mit Waffengewalt zu erkämpfen. Der serbischen Minderheit gelang es unterdessen mehrere Dörfer einzunehmen. Die dort ansässige kroatische Bevölkerung wurde schikaniert und vertrieben. Der Bürgerkrieg war nun endgültig zum Ausbruch gekommen. Nachdem im Mai die Übergabe des Staatspräsidentenamtes an einen Kroaten durch Serbien verhindert worden war, sprachen sich 94 Prozent der Kroaten in einer Volksabstimmung für die Unabhängigkeit aus.

Schon Ende 1990 hatten 88 Prozent der Slowenen in einer Volksabstimmung für die Souveränität ihrer Republik gestimmt.[61] Das serbische Staatspräsidium hatte, um den Konflikt zu entschärfen, gefordert, dass alle illegal bewaffneten Gruppen ihre Waffen abgeben.[62] Slowenien und Kroatien hatten aber das Ultimatum ignoriert. Miloševiæ lud beide Präsidenten zu einem Treffen ein.

„Im Abschlußkommunique dieses Treffens stand ein für die zukünftige Entwicklung sehr wichtiger Satz: Slowenien achtet das Interesse des serbischen Volkes, das in einem Staat leben möchte."[63]

Mit dieser Aussage hatte Slowenien die serbische Zustimmung, ohne Nachteile die Unabhängigkeit zu erlangen. Es gab nämlich keine Serben in Slowenien. Zwar führte dies zum Bruch der „Unabhängigkeitsfront" Kroatiens und Sloweniens, doch erklärten beide am 25. Juni 1991 gemeinsam ihre Unabhängigkeit. Mit der Proklamation des Rumpfjugoslawiens am 27. April 1992, das lediglich aus Serbien und Montenegro bestand, war der zweite Versuch zur Schaffung eines Vielvölkerstaates gescheitert. Zwei Tage später marschierte die Jugoslawische Volksarmee (JVA) ein. Somit

---

[60]   Vgl. Woyke (Hrsg.): Handwörterbuch Internationale Politik; S. 25-27.
[61]   Vgl. BpB (Hrsg.): Das Ende Jugoslawiens; 1992; S. 15-16.
[62]   Vgl. Woyke (Hrsg.): Handwörterbuch Internationale Politik; S. 25-27.

26

begann in Slowenien ein Bürgerkrieg auf dem Balkan, den der damalige Bundesaußenminister Kinkel in seiner Gesamtheit als völkischen Eroberungskrieg bezeichnete.[64]

Auch Bosnien-Herzegowina war seit 1992 unabhängig und besaß eine eigene Regierung, die jedoch nicht mehr die Kontrolle über ihr Territorium halten konnte, da dieses in die verschiedenen ethnischen Parteien gespalten war.[65]

Bestärkt wird das Zugehörigkeitsgefühl zur eigenen Ethnie ebenso durch Gräueltaten der anderen Volksgruppe.[66] Flüchtlinge, die durch Kriegswirren in multiethnische Gebiete strömen, radikalisieren auch dort die eigene Bevölkerung in einem solchen Maß, dass die Angst vor einem Völkermord den einzelnen Volksgruppen keine andere Wahl lässt, als sich zu mobilisieren. Kriegsentscheidend ist die Beherrschung von eroberten Gebieten. Da nur aus der eigenen Ethnie rekrutiert werden kann, wird die Befriedung der Territorien alsbald angestrebt und andere Volksgruppen mit Hilfe von Konzentrationslagern, Vertreibungen oder Massakern umgesiedelt. Ständig müssen neue Gebiete erobert werden, um neue Rekruten zu gewinnen, so dass nach und nach die gesamte Bevölkerung mobilisiert wird. Unter diesen anarchischen Umständen betrachtet eine Ethnie die andere als Sicherheitsrisiko. Zum anderen sind die einzelnen Volksgruppen durch ihr militärisches Potential, dass sie nicht nur zur Verteidigung ihres Gebietes, sondern auch zum Angriff nutzen können, eine Bedrohung dar. Je vermischter die Volksgruppen untereinander leben, um so größer ist die Gefahr einer eventuellen Eskalation.

[63] BpB (Hrsg.): Das Ende Jugoslawiens; 1992; S. 15.
[64] Vgl. Regierungserklärung des Bundesministers des Auswärtigen, Dr. Kinkel, vor dem Deutschen Bundestag am 21. April 1993; in: Auswärtiges Amt (Hrsg.): Außenpolitik der Bundesrepublik Deutschland; S. 914.
[65] Vgl. Schindler in: Revue Egyptienne de droit International, 52/1996, S. 7.
[66] Vgl. Kaufmann in: International Security; Vol. 20 No. 4, S. 144 - 151.

27

Das Beispiel Bosnien führt dies deutlich vor Augen.[67] Neben den Kriegen in Slowenien 1991 und Kroatien 1991/92, wo das Ziel die Erkämpfung der Unabhängigkeit bildete, stand in Bosnien 1992 hingegen die Schaffung von Nationalstaaten für die jeweils eigene Bevölkerungsgruppe im Vordergrund. Slowenischen und kroatischen Unabhängigkeitsbestrebungen stellten serbische Politiker die Forderung nach einem Staatsverband aller Serben entgegen. Hierzu zählten sie auch große Teile von Bosnien-Herzegowina. Im Vorfeld waren sich die Präsidenten von Kroatien und Serbien, Tudjman und Milošević, bei einem geheimgehaltenen Treffen über die Teilung der Vielvölkerrepublik einig geworden. Muslime und Teile der kroatischen Bevölkerung lehnten diese jedoch nach dem Bekanntwerden ab.

Die psychologische Kriegführung der Nationalisten begann.[68] Presse und Fernsehen wurden in der zweiten Hälfte des Jahres 1991 gleichgeschaltet und infiltrierten nun die Bevölkerung mit der Behauptung, dass sie von den anderen Volksgruppen bedroht würden sowie ein Zusammenleben niemals möglich gewesen wäre und möglich sei, obwohl zu diesem Zeitpunkt 16 Prozent Mischehen bestanden. Die eigene Sprache wurde von anderen abgegrenzt - Serben schrieben nur noch kyrillisch, Kroaten ersetzten Worte aus dem Sprachgebrauch der anderen Volksgruppen durch veraltete kroatische Worte. Traditionen wurden unterstützt durch die Kirchen wiederbelebt. Die bosnischen Serben sagten sich Ende 1991 von Bosnien-Herzegowina los und forderten einen Anschluss ihrer Territorien mit Serbien.[69] Die Politik der Abgrenzung hatte ihr Ziel erreicht. Die Diskriminierung der anderen Volksgruppen bildete die Voraussetzung für die nun folgende physische Kriegführung.

Es handelte sich dabei nicht um einen Krieg im herkömmlichen Sinne, sondern um eine durch Terror gegen die Zivilbevölkerung begleitete

---

[67] Vgl. BPA (Hrsg.): Verantwortung für Frieden und Freiheit; CD-ROM, Stichwort: Bosnien.
[68] Vgl. Calic: Krieg und Frieden in Bosnien-Hercegovina; S. 45, 74, 87, 94.
[69] Vgl. Europa Publication (Hrsg.): The Europa World Year Book. Volume I; S. 650 f.

28

Landnahme, die das Ziel hatte, ethnisch homogene Territorien zu schaffen.[70] Dabei kam es nicht auf die Eroberung der Gebiete an, die von der eigenen Bevölkerungsgruppe bewohnt wurden, sondern auf ihre strategische Bedeutung. So besetzten die Serben Teile Ostbosniens, die überwiegend von Kroaten bewohnt waren, und Kroaten die überwiegend serbische Krajna. Erreicht wurde die Homogenisierung der Bevölkerung durch den Einsatz sogenannter Paramilitärs, die zumeist aus Kriminellen bestanden und die Mitglieder von anderen Volksgruppen systematisch in Lagern oder durch Massaker dezimierten sowie sie aus ihren angestammten Gebieten vertrieben. Die Zerstörung von Kulturstätten der anderen Volksgruppe, die Wegnahme des Besitzes, Vergewaltigung und Brandschatzung gehörten ebenso zur Strategie der „ethnischen Säuberung". Eindeutige Tatbestände des Art. 2 der Konvention über die Verhütung und Bestrafung des Völkermordes von 1948.[71] Die mindestens 45 verschiedenen paramilitärischen Einheiten operierten zwar weitgehend unabhängig, wurden jedoch jeweils von Belgrad oder Zagreb aus geführt. Offiziell leugnete man jedoch jegliche Zusammenarbeit mit diesen irregulären Truppen. Nach der Eroberung begann die Bewaffnung der eigenen Zivilbevölkerung.

„Es reicht aus, daß der Beschützer von seinem Schützling verlangt, seinen Nachbarn zu töten, der zur anderen Seite gehört und schon dringt die Gewalt in den Alltag der Bevölkerung ein (...)."[72]

Während zunächst bosnische Muslime und Kroaten gemeinsam kämpften und die serbische Bevölkerung vertrieben kam es zu Beginn des Jahres 1993 aufgrund von Territorialstreitigkeiten zum Bruch des Bündnisses.[73] Die Folge war, dass nun die muslimischen Regierungstruppen die Kroaten vertrieben. Als die Muslime nunmehr in die Offensive gingen, schlossen sich im Frühjahr 1994 die Kroaten wieder mit ihnen zusammen. Die militärischen Aktionen bestanden auf allen Seiten hauptsächlich in der Ein-

---

[70] Vgl. BPA (Hrsg.): Verantwortung für Frieden und Freiheit; CD-ROM, Stichwort: Bosnien.
[71] Vgl. BpB (Hrsg.): Menschenrechte; S. 44.
[72] Morokvasic: Krieg, Flucht und Vertreibung im ehemaligen Jugoslawien; S. 13.
[73] Vgl. Calic: Krieg und Frieden in Bosnien-Hercegovina; S. 105 - 110.

schließung des Gegners, der Zerstörung der Infrastruktur und der anschlie-
ßenden Vertreibung. Breite Angriffsoperationen bildeten die Ausnahme.
Erst als sich ein deutliches Kräftegleichgewicht der kroatisch-muslimi-
schen Föderation mit den serbischen Truppen abzeichnete, lenkten beide
Seiten ein.[74] Am 05. 10. 1995 begannen sie erstmals gemeinsam, Minen in
Sarajevo zu räumen. Jedoch kam es in der Folgezeit immer wieder zu
Übergriffen und Massakern. Tausende wurden noch vertrieben, um „klare
Verhältnisse" zu schaffen. Sarajevo, Tuzla, Bosanski Nova und Banja Lu-
ka sind nur einige Beispiele für die anhaltende Vertreibungspolitik, die bis
zur Unterzeichnung des Friedensabkommens von Dayton noch unsägliches
Leid unter der Zivilbevölkerung verursachte. Über ein Drittel der Serben
Kroatiens wohnte zu Kriegsbeginn in der Hauptstadt Zagreb.[75] Sie hatten
sich vor Jahrhunderten als Wehrbauern an der so genannten Militärgrenze
des Habsburger Reiches angesiedelt, die sich entlang der Grenze BiHs
über Slowenien hinzog und das Gebiet der sogenannten „Rebublika Srpska
Krajina" (RSK) bildete.[76] Von der kroatischen Volksgruppe, die bis 1991
in den ostslowenischen Gemeinden Vukovar und Beli Manastir einen mehr
als 40-prozentigen Bevölkerungsanteil und in Slunj mit fast 64 Prozent
sogar die Mehrheit der Bevölkerung gestellt hatte, lebte nach Kriegsende
praktisch niemand mehr in dem Gebiet der ehemaligen RSK. In gleicher
Weise gingen serbische Kräfte in BiH vor. Die Vertreibung der letzten
Kroaten und Moslems, vor dem Vollzug eines Friedensplans, sollte eine
Rückkehr dieser Gruppen in den serbischen Teil BiHs unmöglich machen.

---

[74] Vgl. Siekmann (Hrsg.): International Peacekeeping October-November 1995;
S. 147-154.
[75] Vgl. Marko in: Kulturstiftung der deutschen Vertriebenen (Hrsg.): Minderheitenschutz im östlichen Europa - Band 5; S. 13 ff.
[76] Vgl. Haviv (Hrsg.): ethnic cleansing; Internet, Stand: 14.01.2000 (Die exakte Adres-
se ist bei allen Fussnoten im Bezug auf das Internet dem Literaturverzeichnis zu entnehmen).

Allein 400 000 Serben waren aus der Krajina und Ostslawonien vertrieben worden.[77] Zu Ende des Krieges befanden sich über vier Millionen Bewohner BiHs auf der Flucht.[78]

2.3. Die Diskriminierung der Ethnien

Ähnlich verlief auch zeitversetzt der Konflikt zwischen der Republik Serbien und der bis 1990 autonomen Provinz Kosovo.[79] Außer albanischstämmigen Kosovaren und Serben waren dort nur in geringer Zahl Türken, Mazedonen, Kroaten, slawische Muslime sowie Sinti und Roma beheimatet.[80] Im Nordteil des Kosovo stellten die Serben, neben Enklaven südlich und westlich von Priština, die Bevölkerungsmehrheit.[81] Serben wie auch Kosovo-Albaner leiten ein historisches Recht auf den Kosovo ab, indem sie sich darauf berufen, als erste das Land besiedelt zu haben. Dies ist im Gedächtnis der Angehörigen beider Volksgruppen fest verankert. Durch die Weitergabe dieser subjektiven Geschichtsinterpretation an die jüngere Generation in den Schulen ist diese mitbestimmend für den Verlauf des Konfliktes. Auch hier befürchtete die serbische Bevölkerungsgruppe durch die hohe Geburtenrate der Kosovaren ausgelöscht zu werden. Nach serbischen Berechnungen wäre Mitte des nächsten Jahrhunderts fast jeder zweite Bewohner Serbiens ein Nichtserbe. Um diesem vorzubeugen wurden Serben aus BiH dort angesiedelt, von denen jedoch viele wieder abgewandert sind, so dass keine eindeutigen Zahlen vorliegen. Schon in den 1980er Jahren war es wiederholt zu Protesten der Kosovo-Albaner gekommen, die mehr Eigenständigkeit gefordert hatten. Die Folgen waren Verhaftungswellen und im Gegenzug Proteste der serbischen Bevölkerung, die den Schutz ihrer Verfassungsrechte forderten. Oppositionelle wurden zu mehrjährigen Haftstrafen wegen „staatsfeindlicher Propaganda" oder

---

[77] Vgl. Sehnsucht nach Tito; in: DER SPIEGEL 14/1999; S. 170.
[78] Vgl. Calic: Krieg und Frieden in Bosnien-Hercegovina; S. 121.
[79] Vgl. Munzinger (Hrsg.): Munzinger-Archiv; Stichwort: Jugoslawien; S. 12 - 36.
[80] Vgl. BMVg (Hrsg.): Hintergrundinformationen zum Einsatz der internationalen Staatengemeinschaft im Kosovo und der Beteiligung der Bundeswehr; S. 10.
[81] Vgl. BMVg (Hrsg.): Auftrag Frieden; CD-ROM, Stichwort Hintergrundinformationen Kosovo.

„separatistischer Umtriebe" verurteilt. [82]Serbien verfolgte gegenüber der Situation einer Rebellion in der abtrünnigen Provinz einen harten Kurs, der mit der teilweisen Aufhebung der Autonomie 1986 begann.

„Da die albanische `Irredenta´ auf eine Zerschlagung der ethnisch geschlossenen serbischen und montenegrinischen Dörfer im Kosovo hinarbeitete, sei es unerläßlich, durch gesetzliche und `andere´ Mittel Angehörigen der albanischen Nationalität das Siedeln in solchen Dörfern zu verbieten. Allein in den letzten beiden Jahren sind an die 40 000 Serben und Montenegriner unter Hinweis auf den `unerträglichen Druck´ der albanischen Mehrheit aus dem Kosovo ausgezogen."[83]

Ziel war dabei die „Wiege" Serbiens - dort befinden sich die ersten serbischen Klöster - zum Verbleib im Staatsverband zu zwingen.[84] Demonstrationen mit mehr als hunderttausend Teilnehmern von beiden Bevölkerungsgruppen häuften sich.[85] Erste Massaker und „Isolierungen" von Kosovo-Albanern führten zu blutigen Unruhen, die 1990 durch Panzer und Kampfflugzeuge der JVA niedergeschlagen wurden, so dass alle albanischen Minister der Kosovoregierung aus Protest zurücktraten.[86] Im Gegenzug führten Repressionen durch die albanische Bevölkerungsgruppe dazu, dass zwischen 1971 und 1989 schon über 100 000 Serben das Kosovo verlassen hatten. Am 27. Juni 1989 wurde der Autonomiestatus der Provinz durch weitere Einschränkungen endgültig aufgehoben.[87] Als die albanischen Parlamentarier einstimmig das Gebiet zur Republik erklärten, löste Serbien das Parlament auf und stellte die albanischsprachige Berichterstattung ein, welches wiederum durch die Verabschiedung einer eigenen Verfassung, der Wahl des Präsidenten Ibrahim Rugova und der Einsetzung einer eigenen Regierung beantwortet wurde.[88] In Folge der Erhebung eines Anspruches auf einen Zusammenschluss mit Albanien kam es immer wie-

---

[82] Vgl. Sehnsucht nach Tito; in: DER SPIEGEL 14/1999; S. 172.
[83] Vgl.: Belgrad schränkt Autonomie des Kosovo ein; SZ, 21.06.1986; S. 17; in: Munzinger (Hrsg.): Munzinger Archiv: Stichwort: Jugoslawien.
[84] Vgl. Manousakis in: Europäische Sicherheit 1/94, S. 21-23.
[85] Vgl. Munzinger (Hrsg.): Munzinger Archiv: Stichwort: Jugoslawien; S. 37 - 131.
[86] Vgl. Sehnsucht nach Tito; in: DER SPIEGEL 14/1999, S. 171 f.
[87] Vgl. Alle Serben im Krieg; in: DER SPIEGEL 13/1999, S. 207.
[88] Vgl. Manousakis in: Europäische Sicherheit 1/94, S. 22 f.

der zu schweren Grenzzwischenfällen zwischen albanischen und serbischen Truppen in diesem Gebiet. Als mit der Proklamierung der Bundesrepublik Jugoslawien eine neue Verfassung verabschiedet wurde, boykottierten die kosovo-albanischen Abgeordneten die Abstimmung. Auch an weiteren übergeordneten Wahlen nahmen die muslimischen Kosovaren nicht mehr teil, obwohl die Beteiligung an der Wahl zu ihrem eigenen Parlament 90 Prozent betrug. Sie bauten ihre eigene Verwaltung auf, die sie durch die Erhebung von Steuern finanzierten. Serbien erhöhte daraufhin den Druck auf die Bevölkerung. Die 1969 gegründete eigenständige kosovo-albanische Universität wurde geschlossen, Zugang zu Behördenberufen hatten nur noch Serben, Berichte über Menschenrechtsverletzungen mehrten sich.

Seit dem Ende des Jahres 1998 mehrten sich die Hinweise auf Massaker, Deportationen und Vertreibungen durch serbische Truppen an der kosovo-albanischen Bevölkerung, so dass das UN-Kriegsverbrechertribunal die Ermittlungen aufnahm, um Milošević anzuklagen.[89] Ziel der Methode der „ethnischen Vertreibung" ist nicht die schnelle Einstellung des Kampfes, sondern ein möglichst langes Hinauszögern, um die Einhaltung des völkerrechtlichen Rahmens durch Berufung auf die eigene Souveränität und das Heranziehen nationalen Rechts abzuwenden.[90]

Die Opposition wurde durch die Kontrolle der Massenmedien und deren Einsatz zur Manipulation der Bevölkerung ausgeschaltet.[91] Nationalistische Propaganda wird zu 90 Prozent durch Fernsehen und Radio verbreitet, da es auch der ärmeren Bevölkerungsschicht am leichtesten zugänglich ist. Die Opposition kann dadurch die Bevölkerung schwerer erreichen, da objektive Informationen durch die internationale Presse nicht ohne weiteres erhältlich sind. Nur wenn sie zusammen mit liberalen Intellektuellen

---

[89] Vgl. Interview mit dem stellvertretenden Chefankläger des Uno-Kriegsverbrechertribunals, Graham Belwitt; in: DER SPIEGEL 22/1999, S. 174.
[90] Vgl. Heintze: Selbstbestimmungsrecht und Minderheitenrechte im Völkerrecht; S. 28 f.
[91] Vgl. Makarenko in: Project on Ethnic Relations (Hrsg.): Interethnic relations in Serbia/Yugoslavia; Internet, Stand: 16.12.1999.

die Möglichkeit hat, ihre Informationen über einen eigenen Fernsehkanal zu verbreiten, können sie im Machtkampf Erfolge erzielen. Dass diese für das Regime bedrohlich sein können, zeigt die Verhaftung von Journalisten des liberalen Senders Vreme, die offen über die Situation in Serbien berichtet hatten.

2.4. Fazit

Nationalismus beruht weniger auf einem historischen Ursprung, sondern ist vielmehr auf die wirtschaftliche Situation in der Gegenwart zurückzuführen. Gestützt auf die Erinnerung an vergangene Gräueltaten führt die Propaganda der jeweiligen politischen Führungskräfte zu einer Aufstauung von Hass in der Bevölkerung, der nach dem Ausbruch eines gewaltsamen Konfliktes dazu führt, dass die einzelnen Bevölkerungsgruppen aufgrund der begangenen Gräueltaten ein friedliches Zusammenleben nicht mehr akzeptieren können.

Das Prinzip der ethnischen Säuberung folgt dabei feststehenden rassistischen und totalitären Maßstäben.[92] Wird eine Ethnie erst zum „Volksfeind" ernannt, kann sie sich nicht mehr assimilieren. Ziel ist dabei nicht unbedingt die Vernichtung der feindlichen Volksgruppe, sondern eher ihre Vertreibung.

Bei einer Tagung des „Project on Ethnic Relations", eine private amerikanische Organisation zum neutralen Dialog über die Balkankrise, hatten sich zahlreiche Wissenschaftler verschiedener amerikanischer Universitäten, von Belgrad und Zagreb sowie Journalisten und Politiker der verschiedenen ethnischen Gruppen zum Ziel gesetzt, ein Konzept zur Befriedung des Balkans zu entwickeln.[93] In dem anschließend veröffentlichten Papier wird die These vertreten, dass die Vorstellung des Nationalstaates für jede Ethnie nicht länger eine praktikable Idee sei, wie der Konflikt des

---

[92] Vgl. Interview mit Professor Norman M. Naimark von der Stanford-Universität in San Francisco; in: DER SPIEGEL 14/1999, S. 174 f.

[93] Vgl. Makarenko in: Project on Ethnic Relations (Hrsg.): Interethnic relations in Serbia/Yugoslavia; Internet, Stand: 16.12.1999.

multiethnischen Jugoslawien durch zwei Millionen Flüchtlinge deutlich zeige. Auf diese zentrale These wird im weiteren Verlauf noch näher eingegangen werden müssen.

Internationale Hilfe zur Behebung der Problematik fällt im Fall Jugoslawien sehr schwer, da Nationalismus zunehmend zur Abschottung des Landes führt und stets auf die völkerrechtlich garantierte Souveränität der Staaten verwiesen wird. So besitzt Kroatien auch nach einigen Jahren der Beilegung des ethnischen Konfliktes aufgrund der nationalistischen Haltung ihres „Führers" Tudjman kein Abkommen zur wirtschaftlichen Zusammenarbeit mit Europa, obwohl es wirtschaftlich nach dem Ende des Krieges schwer angeschlagen ist.[94] Tudjmans Tod und der Sieg der Sozialdemokratischen Partei (SDP) unter deren Vorsitzenden Raèan bei den Parlamentswahlen am 4. Januar 2000 könnte allerdings durch eine Abkehr von Nationalismus und Korruption eine Öffnung zur EU bewirken.

---

[94] Vgl. Schleicher: Eisen und Blut; in: DER SPIEGEL 44/1999, S. 194.

3. Die Umsiedlung der Bevölkerung

3.1. Arten der Umsiedlung

Der Begriff „Umsiedlung" wird von den Autoren ebenso als „Bevölkerungsaustausch" oder „Bevölkerungstransfer" bezeichnet.[95] Geregelt sind Bevölkerungsumsiedlungen im Völkerrecht, dem zumeist zwischenstaatliche Verträge zugrunde liegen.[96] Problematisch ist, dass dieses Recht ebenso durch Gewohnheitsrecht gebildet wird, welches sich neben universellen Normen größtenteils aus regionalen Übereinkünften zusammensetzt. Diese Vereinbarungen werden jedoch nicht zu völkerrechtlichen Grundsätzen, wenn sie von einer Staatengruppe abgelehnt werden. Stellungnahmen von den UN oder einzelnen Staaten können die Akzeptanz des Rechtscharakters von Normen aufzeigen. Dies zeigt, dass von der vertraglichen bis zur rechtlichen Regelung ein großer Zeitraum liegt, in dem keine eindeutige Klarheit über Definitionen und Gesetzmäßigkeiten besteht. Obwohl ein völkerrechtlicher Vertrag eine Quelle des Völkerrechts ist, ist er nicht immer rechtswirksam.

> „Alles völkerrechtliche Unrecht könnte ja sonst dadurch zum Rechte erhoben werden, da man es zum rechtsgültigen Inhalt eines Vertrags erhebt."[97]

Nach geltendem Recht ist

> „jede Form des Zwangs oder der Drohung verboten, mit der eine Bevölkerung dahin gebracht werden soll, das Gebiet zu verlassen, auf dem sie sich befindet."[98]

Diese Problematik wird im Folgenden noch deutlich werden.

Am weitestgehenden ist der Status des Flüchtlings in den westlichen Demokratien normiert. Flucht bedeutet, das zeitlich begrenzte Verlassen der

---

[95] Vgl. Kimminich: Das Recht auf die Heimat; S. 138/Fiedler: Internationaler Kulturgüterschutz und deutsche Frage; S. 103.

[96] Vgl. Heintze: Selbstbestimmungsrecht und Minderheitenrechte im Völkerrecht; S. 21 f.

[97] Vgl. Zayas in: Veiter (Hrsg.): 25 Jahre Flüchtlingsforschung; S. 57.

[98] Dam: Die Unverjährbarkeit des Völkermordes; S. 57.

Heimat wegen drohender Gefahren.[99] Eine Flucht von Bevölkerungsteilen liegt dann vor, wenn diese durch Tun oder Unterlassen der Regierenden zur Ausreise in einen anderen Staat gezwungen sind.[100] Diese kann zeitlich begrenzt sein und wird gemäß Art. 1 des Genfer Abkommens vom 28. Juli 1951 in die Kategorien national, konational und international unterteilt.[101] Lediglich in Deutschland und Österreich wird nochmals zwischen Flüchtlingen und Vertriebenen differenziert. Eine exakte Zahl zur Begriffsdefinition von Massenvertreibung und Massenflucht, auf die man sich eventuell geeinigt haben könnte, existiert jedoch nicht. Erst bei der Flucht von großen Menschenmengen kann die UNO gemäß UNC tätig werden.

Eine Vertreibung ist eine einseitige Maßnahme des austreibenden Staates und liegt vor, wenn ein Staat seine eigenen Staatsangehörigen als Minderheit einer Volksgruppe auf Dauer in das Gebiet des Mutter- oder Asylstaates verbringen lässt oder fremde Staatsangehörige aus dem von ihm besetzten Gebiet eines anderen Staates in andere Landesteile umsiedelt.[102] Ein behördlicher Ausweisungsbefehl wird vorausgesetzt. Die Vertreibung ganzer Volksgruppen, besonders solcher, die Staatsbürger des Vertreiberstaates sind, gilt als ein völkerrechtliches Delikt und steht in engem Zusammenhang mit dem Gewaltverbot.[103] Diese Rechtsauffassung reicht bis in das antike Griechenland zurück.

Werden Bevölkerungsgruppen nur vorübergehend durch eine behördliche Verfügung des eigenen Staates oder einer Besatzungsmacht sowie unter Anwendung von Gewalt umgesiedelt spricht man von Deportation.[104]

[99] Vgl. Klodnyckyj: Völkerrechtliche Würdigung von Zwangsumsiedlungen und Vertreibungen; S. 3 f.
[100] Vgl. Achermann: Die völkerrechtliche Verantwortlichkeit fluchtverursachender Staaten; S. 98 f.
[101] Vgl. Genfer Konvention; in: BGBl 1953 II, S. 559, 561.
[102] Vgl. Strupp in: Schlochauer (Hrsg.): Wörterbuch des Völkerrechts; S. 560.
[103] Vgl. Veiter: Nationalitätenkonflikt und Volksgruppenrecht im ausgehenden 20. Jh; S. 194.
[104] Vgl. Klodnyckyj: Völkerrechtliche Würdigung von Zwangsumsiedlungen und Vertreibungen; S. 5.

Internierung ist die Zusammenfassung fremder Ethnien im eigenen Staat meist für die Dauer eines Krieges in Lager. Ein Beispiel dafür ist das Internieren von 100 000 amerikanischen Staatsbürgern japanischer Abstammung während des Zweiten Weltkrieges in den Rocky Mountains.[105]

Zunächst beruht ein Austausch von Volksgruppen auf dem Nationalstaatsprinzip und dient dem Zweck, Probleme zwischen Ethnien auf Dauer zu lösen. Das Staatsinteresse rechtfertigt den Austausch von Minderheiten, die sich der Staatsnation nicht anpassen.[106] Bevölkerungsaustauschverträge stehen in engem Zusammenhang mit dem Minderheitenrecht.

Das Völkerrecht unterscheidet verschiedene Arten der Bevölkerungsumsiedlung.[107] Innerstaatliche Bevölkerungsaustäusche wie in der UdSSR während des Zweiten Weltkrieges oder zur Zeit der Homelands in Südafrika besitzen keinen völkerrechtlichen Charakter, da sie nicht die Beziehungen zwischen Staaten betreffen.[108] Hingegen fallen einseitige Austauschverträge, wie sie von Deutschland in der Zeit des Nationalsozialismus vorgenommen wurden durch die vertragliche Regelung zwischen zwei Staaten in den Schutzbereich des Völkerrechts.

Kimminich fasst darunter

„die Verträge ... jeweils zwischen dem Staat, aus dem die ʻumgesiedelteʼ (ʻausgetauschteʼ, ʻtransferierteʼ) Bevölkerung weggeschafft wurde, und dem Staat, in den sie verbracht wurde, geschlossen worden [sind].“[109]

Das einzelne Mitglied einer Bevölkerungsgruppe gibt aufgrund einer entsprechenden Entscheidung von zwei Staaten, die auf eine Entfernung einer Minderheit aus dem Staatsgebiet abzielt, seine Heimat auf.[110] Laut de Zayas dient die Gegenseitigkeit der Austauschverträge dazu, Minderheiten im Ausland zu schützen und die Behandlung der auszutauschenden Minder-

---

[105] Vgl. Kroner: Nationale Minderheiten in Südosteuropa; S. 37.
[106] Vgl. Blumenwitz in: Blumenwitz (Hrsg.): Flucht und Vertreibung; S. 9-13.
[107] Vgl. Bülck in: Schlochauer (Hrsg.): Wörterbuch des Völkerrechts; S. 201-204.
[108] Vgl. Klodnyckyj: Völkerrechtliche Würdigung von Zwangsumsiedlungen und Vertreibungen; S. 6 ff.
[109] Kimminich: Das Recht auf die Heimat; S. 138.
[110] Vgl. Zayas in: Veiter (Hrsg.): 25 Jahre Flüchtlingsforschung; S. 87-90.

heit günstig zu beeinflussen. Als Beispiel führt er den Umsiedlungsvertrag zwischen Indien und Pakistan an, wo ein freiwilliger Austausch erfolgte. Zumindest wurde eine große Bevölkerungsanzahl einer Minderheit nicht gezwungen auszuwandern und konnte tatsächlich in ihrer Heimat verbleiben. Derartige Verträge entsprechen in gewisser Weise auch den Legalitätserfordernissen. Bedenken bestehen jedoch fort.

Umsiedlungsverträge, die von Dritten über ein von ihnen besetztes Gebiet beschlossen wurden, sind unzulässig. Lediglich bei einer debellatio - dem Wegfall eines der drei konstitutiven Staatselemente Staatsvolk, Staatsgebiet oder Staatsgewalt durch einen Krieg - sahen sowjetische Völkerrechtler in bezug auf die Potsdamer Konferenz die Möglichkeit zum Abschluss eines legitimen Abkommens.[111] Jedoch ist diese Ansicht nicht zu vertreten, da schon seit 1928 durch den Briand-Kellogg-Pakt ein umfassendes Interventionsverbot besteht. Auf diesen Aspekt wird später noch ausführlich eingegangen werden.

Die mit einer Auswanderungspflicht verbundene Option ist die einzig zulässige Durchführungsart.[112] Die Staatsangehörigkeit geht mit der Ausreise aus dem Wohnsitzstaat verloren und wird vom Aufnahmestaat neu vergeben. Der Personenkreis wird durch die Genehmigungspflicht der Entscheidung festgelegt.[113] Die Vermögensliquidierung sowie die Durchführung der Transporte regelt eine von beiden Staaten paritätisch besetzte Kommission. Fakt ist, dass Bevölkerungsumsiedlungen an der Grenze dessen liegen, was durch rechtliche Vereinbarungen geregelt werden kann. Erst zu Beginn der 1950er Jahre begannen Völkerrechtler, sich mit der Problematik auseinander zu setzen und kamen mehrheitlich zum Ergebnis, dass sie nur zulässig sind, wenn auf den Willen der betroffenen Volksgruppe Rücksicht genommen wird. Diese Verträge würden einer Weiterentwicklung des Optionsrechts entsprechen und geeignet sein, Gebietsübertragungen über-

---

[111] Vgl. Klodnyckyj: Völkerrechtliche Würdigung von Zwangsumsiedlungen und Vertreibungen; S. 24 f.
[112] Vgl. Neugebauer: Gibt es ein völkerrechtliches Vertreibungsverbot?; S. 6 ff.
[113] Vgl. Grabley: Völkerrechtliche Würdigung von Umsiedlungsverträgen; S. 2-4, 15 f.

flüssig zu machen.[114] Somit gelten sie als legitime Möglichkeit der Auflösung von Minderheiten. Zweck ist es nicht, den Aussiedlungswilligen die Ausreise zu ermöglichen, sondern in erster Linie steht das staatliche Interesse an der Umsiedlung im Vordergrund. Meist dient sie dazu, ein besetztes Gebiet durch die Beseitigung der fremden Volksgruppe zu befrieden und dem Staatsverband anzuschließen. Nur Verträge, welche die Freiwilligkeit eindeutig sichern, sind zulässig. Verträge mit unmittelbarem, wie der Lausanner Vertrag von 1923, oder mit verschleiertem Zwangscharakter, bei dem sich Einzelne der Mehrheitsentscheidung der Bevölkerung unterordnen müssen - so geschehen im türkisch-bulgarischen Vertrag von 1913 - gelten ebenso als bedenklich, wie Verträge mit geheimem Zwangseinschlag. Dieser Tatbestand ist gegeben, wenn die Entscheidung unwiderruflich ist, Zwangsassimilierung angedroht wird oder Werbungskommissare aus dem Mutterland entsandt werden. Maßnahmen der Täuschung, Drohung und Verfolgung, die bisher bei allen Umsiedlungen angewandt wurden, lassen sich nur schwer nachweisen. Während Propaganda in geringem Maße verbunden mit weitreichenden Ausreiseerleichterungen teils noch gebilligt werden, ist die Forderung nach internationaler Kontrolle für einige Völkerrechtler unerlässlich. Kimminich hält es für völlig ausgeschlossen, zwischen freiwilliger und unfreiwilliger Aufgabe der Heimat zu unterscheiden.[115] Lediglich die Unzulässigkeit der Zwangsumsiedlungsverträge, vor allem des ersten derartigen Vertrages zwischen Griechenland und der Türkei von 1923, ist unumstritten. Mit der durch Zwang angeordneten Umsiedlung wird durch die Versagung des Optionsrechtes eine ganze Bevölkerungsgruppe beseitigt. Dies kommt einer Vertreibung und Massenausweisung gleich. Neben dem Recht auf Heimat und dem Selbstbestimmungsrecht der Völker werden ebenso die Minderheitenrechte verletzt, sofern sie einen Rechtsnormcharakter besitzen.

Die Mehrheit der Völkerrechtler qualifiziert folglich solche Umsiedlungsverträge nicht per se als rechtswidrig, sondern will deren Gültigkeit und

---

[114] Vgl. Blück in: Wörterbuch des Völkerrechts - Band I; S. 203.
[115] Vgl. Kimminich: Der internationale Rechtsstatus des Flüchtlings; S. 26.

Rechtmäßigkeit vielmehr davon abhängig machen, ob die Umsiedlung unter Berücksichtigung des Willens der betroffenen Bevölkerung erfolgt ist.[116] Aber nach der ganz überwiegenden Meinung der Völkerrechtsgelehrten verbietet das geltende Recht Zwangsumsiedlungsverträge.[117]

Georges Scelle stellt fest, dass

> „jeder Bevölkerungstransfer ... eine Verletzung der modernen internationalen Ethik dar[stellt], die die wichtigste Grundlage der internationalen Rechtsordnung ist. Jeder Massentransfer stellt eine Gewaltanwendung dar, die den allgemeinen Rechtsgrundsätzen widerspricht, ganz gleich, ob es sich um einen innerstaatlichen oder zwischenstaatlichen Transfer handelt."[118]

Die gewalttätigste Form der Umsiedlung wurde in der heutigen Zeit auf dem Balkan durchgeführt. Sie wird als ethnische Säuberung bezeichnet und liegt nach Seidl-Hohenveldern vor, wenn

> „Minderheitenprobleme einfach und brutal in der Weise bereinigt werden, daß der völkischen Gemengelage dadurch ein Ende gemacht wird, daß die Angehörigen der Minderheit umgesiedelt oder vertrieben werden."[119]

Die Idee einer „nationalen Purifizierung", durch die Aussiedlung oder Vertreibung ethnischer Minderheiten aus einem Gebiet des eigenen oder eines fremden Staates ist zwar nicht neu.[120] Systematik sowie Grausamkeit durch Mord, Plünderung und Brandschatzung, die zur Auslöschung der feindlichen Ethnie führen sollten, waren in diesem Ausmaß jedoch nicht bekannt. Die UNO verurteilte diese übersteigerte Gewalt als ein schweres Verbrechen gegen die Menschlichkeit.[121]

Von internationalen Organisationen, westlichen Politikern, Rechts- und Geisteswissenschaftlern wird gerade aus diesem Grund die Theorie der

---

[116] Vgl. Becker: Der Tatbestand des Verbrechens gegen die Menschlichkeit; S. 202.
[117] Vgl. Zayas in: Veiter (Hrsg.): 25 Jahre Flüchtlingsforschung; S. 155.
[118] Zitiert nach: Kimminich: Das Recht auf die Heimat; S. 148.
[119] Seidl-Hohenveldern: Völkerrecht; Rn 1582.
[120] Vgl. Henke in: Benz (Hrsg.) Die Vertreibung der Deutschen aus dem Osten; S. 49/Benz: ebd.; S. 40 f.

Teilung und des Bevölkerungsaustauschs weitgehend abgelehnt.[122] Sie widerspreche neben der unbedingten Gewährung von staatlicher Souveränität durch das Völkerrecht vor allem den Werten der westlichen Demokratien von sozialer Integration und rege zur Politik der Abgrenzung an, die diese verurteilen. Der Integrität eines Staates und seiner Grenzen wird die größte Bedeutung zugewiesen und das Recht auf eine Selbstbestimmung der Völker untergeordnet. Kaufmann weißt in seiner Theorie jedoch darauf hin, dass in ethnischen Konflikten es in erster Linie notwendig sei, Leben zu retten und man deshalb nicht übergeordnetes Recht höher einzustufen dürfe. Die Trennung der Volksgruppen müsse mit den kurzfristigen und längeren humanitären Konsequenzen verglichen werden, die sich aus der Einhaltung des Rechts ergäben. So fordert er nach einer Intervention, dass die Bevölkerungsgruppe des Aggressors, die hinter der Front zurückbleibt, unter ausländischer Kontrolle zur Verhinderung von Massakern interniert und nach dem Krieg einen Austausch ermöglicht werden solle. Zunächst müsse der Wiederaufbau zerstörter Gebiete und die Herstellung einer wirkungsvollen Eigenverteidigung für die Bürgerkriegspartei, für die man intervenierte, ermöglicht werden. Nach der militärischen Aktion könnten die Flüchtlinge umgesiedelt und mit dem Abzug der internationalen Streitmacht begonnen werden. Dadurch werde das Leid der Zivilbevölkerung wesentlich verringert.

3.2. Zur Historie der ethnischen Trennung

Zunächst ist es wichtig, die geschichtliche Entwicklung der Umsiedlung herauszuarbeiten, um eventuell Vergleiche zur Theorie Kaufmanns ziehen zu können. Erstmals traten in der Neuzeit Zwangswanderungen während der Religionskriege des 16. und 17. Jahrhunderts auf.[123] Im 19. Jahrhundert wurden Vertreibungen vor allem in den Kolonialkriegen Afrikas und den Indianerkriegen der USA praktiziert. Das Vorbild, auf das sich alle nach-

[121] Vgl. United Nations (Hrsg.): The United Nations and Human Rights; S. 120, 407-409, 465, 488.
[122] Vgl. Kaufmann in: International Security; Vol. 20 No. 4 1996, S. 165 f., 169 f.
[123] Vgl. Rogge in: Lemberg (Hrsg.): Die Vertriebenen in Westdeutschland, S. 238 f.

folgenden Politiker beriefen, lieferte die Lösung des Konfliktes zwischen Griechen und Türken in den 1920er Jahren. Auf der Grundlage des Vertrages von Lausanne von 1923, der den Krieg zwischen Griechenland und der Türkei beendete, waren 1,35 Millionen Griechen aus Anatolien zwangsumgesiedelt worden.[124] Im Austausch dafür mussten 400 000 Türken den griechischen Staat verlassen.[125] Zwar sollte hier der Grundsatz der Humanität angewandt werden - überwacht durch eine gemischte Völkerbundskommission, doch kam es trotz genau festgelegten Minderheitsrechten zu zahllosen Ungerechtigkeiten, so dass nur von einer Vertreibung die Rede sein kann.[126] Die im Gegenzug Angesiedelten der eigenen Bevölkerungsgruppe, besaßen aber nicht die entsprechende Qualifikation, um die frei gewordenen Berufsfelder in diesen Gebieten aufzufüllen.[127] Wirtschaftliche Stagnation war die Folge. Bis zum heutigen Tag dient der Lausanner Vertrag als Vorbild für einen legalen Bevölkerungsaustausch, obwohl er von der Mehrheit der Völkerrechtler als völkerrechtswidrig eingestuft wird. Da der Völkerbund sich nicht zur Durchführung der Vertreibung - im völkerrechtlichen Terminus als „Bevölkerungstransfer" bezeichnet - äußerte, nutzten Adolf Hitler und Josef Stalin dieses Beispiel, das scheinbar zu funktionieren schien, als Standardargument zur Umsetzung ihrer Vorstellungen über die ethnische Reinheit eines Staatsgebietes. Ein in sich geschlossener Nationalstaat, der alle Deutschen umfassen sollte,[128] stand unter dem Leitspruch Hitlers: „Gleiches Blut gehört in ein gemeinsames Reich"[129] an oberster Stelle des Programms der Nationalsozialistischen Arbeiterpartei (NSDAP). Stalin ließ 1941 400 000 Wolgadeutsche nach Mittelasien umsiedeln. Insgesamt wären dieser Zwangsmaßnahme über

---

[124] Vgl. Das Gespenst von Vietnam; in: DER SPIEGEL 14/1999, S. 153 ff.

[125] Vgl. Krieg für das gute Gewissen; in: DER SPIEGEL 17/1999, S. 37 f.

[126] Vgl. Jordan: Von der Politik der Ausgrenzung zur schrittweisen Anerkennung; in: Das Parlament Nr. 34 vom 20. August 1999, S. 11.

[127] Vgl. Henke in: Benz (Hrsg.): Die Vertreibung der Deutschen aus dem Osten, S. 58-60.

[128] Vgl. Erläuterung des NSDAP-Programms; in: Hofer (Hrsg.): Der Nationalsozialismus, S. 177.

[129] Hitler: Mein Kampf; S. 1.

zehn Millionen Menschen unterschiedlicher Abstammung zum Opfer ge-
fallen, so äußerte sich Stalin gegenüber Churchill.[130] Aber auch in
Deutschland kam es unter der nationalsozialistischen Herrschaft zu Deportationen und Zwangsumsiedlungen. Bis zum Jahre 1939 hatten 260 000
Juden in der Befürchtung des später vollzogenen Genozids Deutschland
verlassen. Bevölkerungsgruppen der besetzten Gebiete wurden nach
Kriegsbeginn mit der Besetzung Polens Ende 1939 zur Umsetzung der
Rassepolitik interniert und ermordet. „Volksdeutsche" aus dem Baltikum,
Bessarabien, der Bukowina und anderen Gegenden wurden auf Grundlage
von zumeist einseitigen Verträgen der Reichsregierung mit den betreffenden Staaten in diese Gebiete umgesiedelt. Da der deutsche Bevölkerungsanteil dort nur 10 Prozent betrug, bedeutete dies die Vertreibung von fünf
Millionen Juden und einer Million Polen.[131] Jeder fünfte polnische Staatsbürger kam ums Leben. Die angesiedelten Deutschen entsprachen nicht
dem Bildungsniveau der Vertriebenen und konnten daher nicht das entstandene Vakuum füllen. Die Zwangsverschickung eigener Staatsangehö-
riger wurde vor dem internationalen Militärtribunal (IMT) in Nürnberg als
Verbrechen gegen die Menschlichkeit, die Deportation fremder Ethnien
zur Zwangsarbeit als Kriegsverbrechen abgeurteilt.[132] Der Begriff des
Kriegsverbrechens ist in der Charta des IMT definiert als Verletzungen der
Kriegsgesetze oder Kriegsgebräuche, wie sie in der Haager Landkriegs-
ordnung (HLKO) und nachfolgend in den Genfer Konventionen gesetzlich
festgelegt sind.[133]

Doch erst mit Ende des Zweiten Weltkrieg kam es zur größten Völkerwanderung der Neuzeit.[134] Schon Ende 1941, als Stalin eine Westverschiebung
Polens gefordert hatte, waren von britischen Experten Pläne zur Umsiedlung der deutschen Bevölkerung erarbeitet worden, welche die Amerikaner

---

[130] Vgl. Blumenwitz in: Blumenwitz (Hrsg.): Flucht und Vertreibung, S. 12, 19, 29.
[131] Vgl. Benz in: Benz (Hrsg.) Die Vertreibung der Deutschen aus dem Osten; S. 45-48.
[132] Vgl. IMT (Hrsg.):Der Prozeß gegen die Hauptkriegsverbrecher vor dem IMT - Band 1, S. 12.
[133] Vgl. Kimminich: Das Recht auf die Heimat - Ein universelles Völkerrecht; S. 9.
[134] Vgl. Böddeker: Die Flüchtlinge; S. 464-474, 486.

zwar nicht in diesem Ausmaß forderten, jedoch duldeten, um die Allianz
mit der Sowjetunion nicht zu gefährden - „vae victis" lautete nun die politische Maxime des Vorwurfs der Kollektivschuld im Umgang mit dem be-
siegten Deutschland.[135] Unter modernen Bedingungen seien Bevölkerungstransfers viel leichter möglich, als in den 1920er Jahren, erklärte der
britische Premier Winston Churchill.

„... die nach unserem Ermessen befriedigendste und dauerhafteste Methode ist die Vertreibung. Man wird reinen Tisch machen."[136]

Ende 1945 und im Laufe des Jahres 1946 begannen dort, wo sowjetische
Truppen standen, die Vertreibungen aus Polen sowie der Tschechoslowakei. Jedoch fehlte jede internationale Beobachtung und Koordination zu
einer geordneten Umsiedlung, wie in Art. XIII des Potsdamer Abkommens
gefordert.[137] Nur am Rande der Konferenz in bezug auf die Lebensmittel-
versorgung Deutschlands erörtert, bildete die Vertreibung nur ein Ne-
benaspekt in den Verhandlungen der Anti-Hitler-Koalition. Zwar stellte
Art. XIII fest, dass bereits Vertreibungen in Polen, Tschechoslowakei und
Ungarn geschehen waren und bat die Regierungen um eine Einstellung.
Eine geordnete und humane Durchführung auf der Grundlage des Besat-
zungsrechts, überwacht durch den alliierten Kontrollrat, konnte jedoch
ebenso nicht sichergestellt werden. Eine Rückkehr der Flüchtlinge war
durch die Vertreiberstaaten ausgeschlossen worden. Die Vertreibung der
Deutschen aus den Ostgebieten wurde ebenso wie die Eingliederung in die
Besatzungszonen daher zunächst als nationales Problem betrachtet. Während im polnischen Sprachgebrauch von Umsiedlung die Rede war und
polnische Staatsbürger aus dem von den Sowjets besetzten Gebiet in bis
dato deutschen Häusern angesiedelt wurden, mussten die vertriebenen
Deutschen zunächst in Lager untergebracht werden.[138] Das Problem des

[135] Vgl. Henke in: Benz (Hrsg.): Die Vertreibung der Deutschen aus dem Osten; S. 65-81.
[136] Churchill: Reden - Band V; S. 468.
[137] Vgl. Deuerlein: Deklamation oder Ersatzfrieden?; S. 139, 199.
[138] Vgl. Hupka: Buchbesprechung; in: Ostdeutscher Kulturrat (Hrsg.): Kulturpolitische Korrespondenz 1067, S. 10.

45

Wohnraummangels wurde angesichts der über 10 Millionen Vertriebenen und Zugewanderten der Flüchtlingstransporte immer dramatischer. Wohnung, Arbeit, Kleidung und Nahrungsmittel waren Mangelware. 1947 standen nur 60 Prozent der Flüchtlinge in der britischen Besatzungszone in einem festen Beschäftigungsverhältnis, das weitgehend nicht ihrer Berufsausbildung entsprach - fast 90 Prozent waren als Arbeiter tätig. Zudem wurden sie von den eingesessenen Westdeutschen als unerwünscht angesehen. Verantwortlich dafür waren das von den Alliierten erlassene Koalitions- und Freizügigkeitsverbot, das den Vertriebenen nicht ermöglichte, sich dort niederzulassen, wo es noch freie Arbeitsplätze gab. Deshalb strebten die westlichen Alliierten nun eine Internationalisierung des Problems an, um durch internationale Hilfe die Bundesrepublik nun als Flüchtlingsland zu unterstützen.[139] Die Not wurde erst gelindert, als die Verbote aufgehoben wurden und durch den Lastenausgleichsfonds der Bundesrepublik - unterstützt mit 86 Milliarden DM - der Aufbau einer neuen Existenz ermöglicht werden konnte. Die Bilanz der humanen Umsiedlung: Zwölf Millionen Deutsche wurden aus den Ostgebieten vertrieben; 2,5 Millionen fanden den Tod. 1949 kamen die Vertreibungen zum Stillstand, nachdem sich der Ost-West-Konflikt langsam aufgebaut und Adenauer vehement auf den Gegensatz zwischen Potsdamer Abkommen und die Umsiedlung in der Praxis hingewiesen hatte.[140] Das Unrecht, das mit der Vertreibung zugefügt wurde, entbehrt nicht einem gewissen Zynismus der Alliierten:

„Indem die Siegermächte außerhalb Rumpfdeutschlands an Volksaustreibungen unter gewollter oder voraussehbarer Unmenschlichkeit teilnehmen, die letzte Phase dieser Massenzwangswanderung aber als Wanderungshilfe und Asylgewährung in den Formen humaner Flüchtlingsnot- und Eingliederungshilfe vollziehen; vergleichbar einer Räu-

---

[139] Vgl. Rogge in: Lemberg (Hrsg.): Die Vertriebenen in Westdeutschland; S. 183, 229, 231.
[140] Vgl. Engel: Es geht um das ostdeutsche Kulturerbe; in: Ostdeutscher Kulturrat (Hrsg.): Kulturpolitische Korrespondenz 1070, S. 9.

berbande, die den mißhandelten Opfern ihrer Gewalttat dann Verwundetenhilfe leistet und dies als humanitäre Nothilfe ausgibt."[141]

Die Heimatvertriebenen sannen aber nicht auf Rache, sondern forderten die konsequente Gewährung des Rechts auf Heimat als völkerrechtliches Grundrecht.[142]

Mit der Beendigung des Kalten Krieges setzte jedoch vor allem in den Grenzregionen Deutschlands zu Tschechien eine intensive wirtschaftliche Zusammenarbeit sowie ein reger Grenztourismus ein.[143] Dennoch fällt die Verständigung mit den Sudetendeutschen immer noch schwer, da tschechische Regierung sowie die Bevölkerung die Vertreibung nicht als Unrecht, sondern als „odsun Nemcu" (Abschub der Deutschen) bezeichnen. Die Sudetendeutschen berufen sich hingegen auf die Eichstätter Adventserklärung von 1949 und fordern die Wiederherstellung des Heimatrechts und die damit verbundene Rückkehr.[144] Ziel der Forderung ist die Revision der Beneš-Dekrete, die zur Vertreibung führten.[145] Auf politischem Wege konnte jedoch 1997 nur eine Deutsch-tschechische Erklärung erreicht werden, in der zwar Leid und Unrecht bedauert, aber nicht revidiert wurde. Zudem ist das Schriftstück ohne völkerrechtliche Bindung, da es sich nicht um einen Vertrag handelt. Somit ist Tschechien noch weit entfernt von der Umsetzung der Forderung der EU auf das Recht auf Heimat und der Verurteilung der Vertreibungen.[146]

---

[141] Rogge: Vertreibung und Eingliederung im Spiegel des Rechts; in: Lemberg (Hrsg.): Die Vertriebenen in Westdeutschland, S. 237.

[142] Vgl. Bund der Vertriebenen (Hrsg.): Charta der Vertriebenen; Internet, Stand: 14.01.2000.

[143] Vgl. Prinz: Sudetendeutsche und Tschechen; in: Zeitschrift zur politischen Bildung 4/98, S. 15, 20.

[144] Vgl. Stingl: Die Gesinnungsgemeinschaften in der Sudetendeutschen Landsmannschaft; in: Zeitschrift zur politischen Bildung 4/98, S.25.

[145] Vgl. Roßbach: Spürbare Enttabuisierung; in: Zeitschrift zur politischen Bildung 4/98, S. 75.

[146] Vgl. Stamm: Historische Nachbarn als europäische Partner; in: Zeitschrift zur politischen Bildung 4/98, S. 60.

Aber noch bis in die heutige Zeit werden noch Umsiedlungen vorgenommen.[147] Durch ein Abkommen zwischen Pakistan und Indien wurden Hindus und Moslems zwangsumgesiedelt, welches ebenfalls mit einer Massenvertreibung gleichgesetzt werden kann.

3.3. Der völkerrechtliche Vorbehalt von Umsiedlungen

Das Völkerrecht war bis in die Neuzeit ein Recht zwischen den Staaten und nicht zwischen Völkern.[148] Auch heute noch sind hauptsächlich souveräne Staaten, neben den internationalen Organisationen, Völkerrechtssubjekte und somit Träger von völkerrechtlichen Rechten und Pflichten. Ein Umsiedlungsverbot auf der Grundlage des ius in bello, des Kriegsrechtes, kann erstmals in der HLKO von 1899 und 1907 gesehen werden.[149] Das Recht der freien Kriegführung der Staaten sollte beschnitten werden.[150] So haben Staaten gemäß Art. 22 IV. HLKO kein unbeschränktes Recht mehr zum Vorgehen gegen den Feind.[151] Neben einem Plünderungsverbot gemäß Art. 47 IV. HLKO beinhaltete diese neue Maxime auch nach Art. 46 IV. HLKO das Verbot der Zerstörung und Wegnahme feindlichen Eigentums. Nach geltendem Völkerrecht besitzt eine fremde Macht keine unbeschränkten Souveränitätsrechte in den besetzten Gebieten. Daher darf sie auch nicht nach Gutdünken Fakten schaffen, die später nicht mehr rückgängig gemacht werden können. Daraus sowie aus der Aburteilung des Tatbestandes der Zwangsumsiedlung vor dem IMT als Kriegsverbrechen, leitete man später das Verbot von Vertreibungen ab. 1946 bestätigten die UN einstimmig das Statut des IMT auf dem die Urteile beruhten.[152] Nach dem Zweiten Weltkrieg wurde dies konkretisiert in der Genfer Kriegsrechtskonvention von 1949 und der Menschenrechtsdeklaration der UN von 1948. So gewährt die Menschenrechtsdeklaration unter den Grund-

---

[147] Vgl. Bülck in: Schlochauer (Hrsg.): Wörterbuch des Völkerrechts; S. 201 f.

[148] Vgl. Kimminich in: Blumenwitz (Hrsg.): Flucht und Vertreibung, S. 97.

[149] Vgl. Rogge in: Lemberg (Hrsg.): Die Vertriebenen in Westdeutschland; S. 240-245.

[150] Vgl. Blumenwitz in: Blumenwitz (Hrsg.): Flucht und Vertreibung; S. 16 f., 23-25, 36 ff.

[151] Vgl. Randelzhofer (Hrsg.): Völkerrechtliche Verträge; S. 710 f.

[152] Vgl. United Nations (Hrsg.): Yearbook of the United Nations 1946/47; S. 411.

48

rechten, die auch im deutschen Grundgesetz Aufnahme fanden, vor allem gemäß Art. 13 das Recht auf Freizügigkeit, das durch Art. 2, dem Diskriminierungsverbot, untermauert wird.[153] Art. 49 des IV. Genfer Abkommens verbietet ausdrücklich Zwangsumsiedlungen einzelner Personen oder ganzer Volksgruppen.[154] Nur zum Schutz der Bevölkerung vor unmittelbaren Feindseligkeiten ist eine Evakuierung erlaubt. Nach der Einstellung der Kampfhandlungen muss aber eine Rückkehr ermöglicht werden. Somit war die Räumung ganzer Dörfer im Vietnamkrieg 1960 bis 1973 durch die Amerikaner gerechtfertigt. Ebenso sichert Art. 12 Abs. 1 der UNO-Konvention über bürgerliche und politische Rechte von 1966 das Freizügigkeitsrecht und in Art. 13 Abs. 2 das Rückkehrrecht. Diese individuellen Normen lassen sich jedoch nicht auf Massenumsiedlungen anwenden. Im Zusatzprotokoll zur Europäischen Menschenrechtskonvention von 1963 werden nach Art. 3 Abs. 1 Massenvertreibungen verboten. Daher besitzen die Vertriebenen das Recht auf Wiedergutmachung und Wiederherstellung des rechtmäßigen Zustandes - zumindest durch angemessenen Schadensersatz.[155]

Bei einer Umsiedlung oder Vertreibung wird in allen Fällen zunächst um das Recht auf Heimat gestritten. Es ist eng verknüpft mit dem Staatsbürgerschaftsrecht und beinhaltet im Zusammenhang mit dem Auslieferungsverbot sowohl das Recht auf Ein- als auch auf Auswanderung von Staatsbürgern, die nicht im Staatsgebiet wohnhaft sind.[156] Ebenso steht es dem Staatsbürger frei, sich innerhalb des Staatsterritoriums frei zu bewegen und niederzulassen. Das Freizügigkeits- und Niederlassungsrecht wird im Rahmen des Grundsatzes der Selbstbestimmung neben der kollektiven Selbstverwaltung als individuelles Recht gewährt. Bereits im 19. Jahrhundert war aufgrund dieses Niederlassungsrechts und des Minderheitenrechts eine Zwangsumsiedlung ausgeschlossen. In diesem Zusammenhang ist es

[153] Vgl. BpB (Hrsg.): Menschenrechte; S. 38 ff.
[154] Vgl. BGBl. 1954 II, S. 917.
[155] Vgl. Achermann: Die völkerrechtliche Verantwortlichkeit fluchtverursachender Staaten; S. 99.
[156] Vgl. Schneider in: Rabl (Hrsg.): Das Recht auf die Heimat; S. 58-61, 69.

die Schutzpflicht des Staates, Menschenrechtsverletzungen und andere Maßnahmen, welche die Bevölkerung zum Verlassen ihrer Heimat bewegen können, schon im Vorfeld durch rechtliche, politische und administrative Mittel zu verhindern.[157] Das kurative Recht auf Rückkehr, bestätigt durch die UN-Resolution 36/148 von 1981, findet seine stärkste Betonung in Annex 7 Art. 1 des Abkommens von Dayton.

Die zusätzlich gewährte Selbstbestimmung beinhaltet

„das Recht eines Volkes bzw. einer Volksgruppe, in seiner bzw. ihrer angestammten Heimat in Einheit sowie in innerer und äußerer Freiheit zu leben."[158]

Derzeitig steht das äußere oder offensive Selbstbestimmungsrecht im Vordergrund der Diskussion.[159] Während in der Vergangenheit die Problematik im Zusammenhang mit der Entkolonialisierung deutlich wurde, ist es in der heutigen Zeit die Sezession. Kein Staat hat daher das Recht durch Vereinbarungen mit anderen Staaten oder einseitige Maßnahmen, sie aus ihrer Heimat zu entfernen.[160] Laut Art. 1 Abs. 1 der Konvention über bürgerliche und politische Rechte können die Völker in wirtschaftlichen, sozialen und kulturellen Belangen sowie über ihren politischen Status selbst entscheiden.[161] Jedoch kollidiert dieses Recht mit dem Grundsatz der Souveränität von Staaten. Erst bei nicht mehr hinnehmbaren Diskriminierungen können die Völker davon Gebrauch machen.[162] Der Auslöser für Illoyalität ist die zunehmende Befremdung einer ethnischen Minderheit über die politischen Entscheidungen des Staates, in dem eine andere Ethnie die Mehrheit stellt.[163] Ziel muss es sein, die geschwächte Loyalität der Volksgruppe wiederzugewinnen und nicht durch Propaganda oder Repressalien zu er-

[157] Vgl. Achermann: Die völkerrechtliche Verantwortlichkeit fluchtverursachender Staaten; S. 132 f.
[158] Buy: Das Recht auf Heimat im historisch-politischen Prozeß; S. 83.
[159] Vgl. Heintze: Selbstbestimmungsrecht und Minderheitenrechte im Völkerrecht; S. 26.
[160] Vgl. Wengler: Völkerrecht - Band II; S. 1031.
[161] Vgl. BpB (Hrsg.): Menschenrechte; S. 53.
[162] Vgl. Blumenwitz in: Blumenwitz (Hrsg.): Flucht und Vertreibung; S. 44-47.
[163] Vgl. Luchterhandt: Nationale Minderheiten und Loyalität; S. 25-27, 31.

50

zwingen. Dies gestaltet sich als schwierig, weil zumeist ethnische Minderheiten in Grenzregionen zu ihren Mutterstaaten siedeln.

Dass dies in Laufe der Geschichte funktionierte, zeigt die Beendigung des 30-jährigen (Konfessions-) Krieges durch den Westfälischen Frieden mit den Verträgen von Münster und Osnabrück 1648 auf der Grundlage des Augsburger Religionsfriedens von 1555, deren Auswirkungen zum Teil bis in die heutige Zeit Bestand haben. Die Vernichtung und Vertreibung Andersgläubiger wurde für beendet erklärt und Religionsfreiheit sowie paritätische Regierungsbeteiligung der Konfessionen mit zusätzlichem Vetorecht durchgesetzt.[164] Der Nachteil für andersgläubige Bevölkerungsgruppen durch den vereinbarten status quo der konfessionellen Territorialaufteilung nach dem Grundsatz „cuius regio eius religio" wurde durch die Gewährung des Optionsrechts ausgeglichen, der es ermöglichte, das Gebiet zu verlassen, um die Religion des Landesfürsten nicht annehmen zu müssen.[165] Das friedliche Zusammenleben der Konfessionen auf Reichsebene konnte folglich durch das Toleranzprinzip ermöglicht werden.

Eine Möglichkeit zur Wiedergewinnung der Loyalität ist ein wirksamer Minderheitenschutz, der in Art. 27 des Weltpakts für bürgerliche und politische Rechte 1966 gesetzlich festgehalten wurde.[166] Die Umsetzung der Bestimmungen konnte jedoch bis heute nicht durchgesetzt werden. Zwar verabschiedete die Generalversammlung der UN die Res. 1992/16 zum Schutz nationaler, ethnischer, religiöser und sprachlicher Minderheiten, doch fehlt bis heute die Definition des Begriffes „Minderheit".[167] Ebenso spricht die Res. nicht von einer Minderheitengruppe, sondern von Individualrechten Angehöriger von Minderheiten. In Art. 4 werden die Staaten aufgefordert, Bedingungen zu schaffen, die eine freie Ausübung von Kultur, Sprache, Religion, Tradition und Gewohnheiten ermöglichen. Zwar werden diese Rechte ausdrücklich betont, doch beharrt man ebenso auf

[164] Vgl. Buschmann (Hrsg.): Kaiser und Reich; S. 332.
[165] Vgl. Heckel: Deutschland im konfessionellen Zeitalter; S. 205.
[166] Vgl. Blumenwitz in: Blumenwitz (Hrsg.): Flucht und Vertreibung; S. 39 ff, 64.
[167] Vgl. Ferdowsi in: Opitz (Hrsg.): Weltprobleme; S. 179 f.

dem Standpunkt, dass die innere Selbstbestimmung der Staaten nicht berührt werden darf, so dass die Regelung praktisch nicht durchsetzbar ist, da die Gewährung der Freiheiten den Staaten selbst überlassen bleibt. Die Praxis der internationalen Politik verdeutlicht dies: Menschenrechtsverletzungen werden gerügt, wenn es dem politischen Interesse entspricht, oder verschwiegen, wenn es die internationalen Beziehungen belasten könnte.[168] Um einen wirksamen Minderheitenschutz zu etablieren ist es jedoch notwendig, Volksgruppen zu privilegieren, um sie auch vor Diskriminierung schützen zu können. Solange dies fehlt, wird das Amt des Hohen Kommissars für das Flüchtlingswesen in den UN unentbehrlich sein.

Als letzte Unterart der Vertreibung ist das Prinzip der „ethnischen Säuberung" zu nennen, wie es im Balkankonflikt umgesetzt wurde. Es steht im Gegensatz zu jeglichen Verboten der Diskriminierung von Bevölkerungsgruppen. Unter den Gesichtspunkten des Kriegsrechts, des IV. Genfer Abkommens in Verbindung mit den entsprechenden Zusatzprotokollen, verabschiedet der UN-Sicherheitsrat am 13. August 1992 die Res. 780 und

„verurteilt entschieden alle Verletzungen des humanitären Völkerrechts, einschließlich derjenigen im Zuge der Praxis der `ethnischen Säuberung'."[169]

Die Ansiedlung von Bevölkerungsteilen der eigenen Ethnie findet in einer Grauzone statt, da die Rechtslage hierzu nicht eindeutig ist.[170]

3.4. Die Option zur freiwilligen Umsiedlung

Das Optionsrecht ist die völkerrechtliche Norm, sich individuell und freiwillig für eine Staatsangehörigkeit zu entscheiden, wobei die zweite Staatsangehörigkeit erlischt.[171] Es basiert auf dem beneficium emigrandi des Kapitulationsvertrages von Arras 1640, der den hundert Jahre währen-

---

[168] Vgl. Lübbe in: Kaiser; Schwarz (Hrsg.): Die neue Weltpolitik; S. 187 f.

[169] UN-Res. 780 (1992) zitiert nach: Heintze: Selbstbestimmungsrecht und Minderheitenrechte im Völkerrecht; S. 34.

[170] Vgl. Heintze: Selbstbestimmungsrecht und Minderheitenrechte im Völkerrecht; S. 38

[171] Vgl. Blumenwitz in: Blumenwitz (Hrsg.): Flucht und Vertreibung; S. 30 f.

den niederländischen Freiheitskampf beendete.[172] Weiterentwickelt wurde das Recht nach der französischen Revolution als Teil des Selbstbestimmungsrechts. Neben der Gewährung des Selbstbestimmungsrechtes soll den Staaten auch ermöglicht werden, auf friedlichem Wege Bevölkerungen auszutauschen und mögliche Krisenherde im Vorfeld zu verhindern.[173] Die Option kann durch eine Willenserklärung mit anschließender Umsiedlung umgesetzt werden, bei der alles bewegliche Vermögen mitgenommen werden darf. Der Grundbesitz muss in der Regel nicht verkauft werden.[174] Doch die Praxis zeigt, dass die Optanten meist schon mit der Beibehaltung ihrer Staatsangehörigkeit zufrieden sind. So entschied sich 1871 circa ein Zehntel der 1,5 Millionen Elsass-Lothringer auf der Grundlage des Frankfurter Friedens für die Beibehaltung der französischen Staatsbürgerschaft. Nur wenige wanderten anschließend wirklich aus. Meist wird jedoch auf einer Auswanderungspflicht bestanden und ein Rückkehrrecht nicht mehr eingeräumt. Neben dem Schutz vor Abschiebung muss der Volksgruppe aber auch in weiteren Verträgen die freiwillige Entscheidung rechtlich abgesichert werden, da der Ausgangspunkt des Optionsvertrages der Verbleib der Ethnie ist, die sich freiwillig für den Staat entscheiden kann, dem sie ihrem Volkstum nach angehört. Beispiele bieten die Regelungen für polnische und tschechoslowakische Volkszugehörige auf deutschem Reichsgebiet nach dem Ersten Weltkrieg sowie gemäß Art. 20 des Friedensvertrages mit Italien von 1947 für slowenische, kroatische und serbische Bevölkerungsteile in Italien im Gegenzug zu Italienern auf jugoslawischem Staatsgebiet. 1954 und 1975 wurde in der endgültigen Festlegung des Status von Triest die ethnische Option beibehalten. Die Gefahr, dass die Optionsregelung Zwangscharakter annimmt und in Vertreibungen gipfelt ist aber immer noch sehr hoch.

---

[172] Vgl. Kinder; Hilgemann: dtv-Atlas zur Weltgeschichte; S. 244 f.
[173] Vgl. Krülle in: Blumenwitz (Hrsg.): Flucht und Vertreibung; S. 135-143.
[174] Vgl. Kunz in: Schlochauer (Hrsg.): Wörterbuch des Völkerrechts; S. 166.

53

3.5. Fazit

Es gibt es eine Vielzahl von Möglichkeiten, die Bevölkerung umzusiedeln. Bei fast allen Unterarten ist der Zwangscharakter der zu ergreifenden Maßnahmen, um bestimmte Gruppen zum Verlassen des Staatsgebietes zu bewegen, Grundvoraussetzung. Jegliche Anwendung von Zwang ist jedoch durch das Völkerrecht verboten. Die einzige Maßnahme, die im Sinne der Theorie Kaufmanns angewendet werden kann, ist die der Gewährung des Optionsrechts. Durch den freiwilligen Abzug bestimmter Gruppen ist es möglich, langfristig die Zusammensetzung der Bevölkerung in dem Sinne zu verändern, der durch Gewaltmaßnahmen kurzfristig, aber unrechtmäßig erreicht werden kann. Laut der Theorie Kaufmanns ist es zudem nicht unbedingt notwendig, Bevölkerungsgruppen aus einem bestimmten Gebiet, in dem sie die Minderheit stellen, weitgehend zu beseitigen. Sein gefordertes Ziel ist die Verringerung der Minderheit auf ein Mindestmaß, so dass sie für die Bevölkerungsgruppe, welche die Mehrheit auf diesem Territorium bildet, keine Bedrohung mehr darstellt. Im Sinne dieser Theorie ist es nicht unbedingt notwendig, radikale Maßnahmen zu ergreifen.

Fraglich ist jedoch, ob nach der Radikalisierung der Bevölkerungsteile durch nationalistische Politiker noch die Möglichkeit besteht, durch die Gewährung des Optionsrechts zu einer Entschärfung des Konfliktes zu erreichen. Dies scheint doch eher utopisch. Vielmehr lässt sich in dieser Phase keine moderate Maßnahme mehr ergreifen, wie es in demokratischen Staaten möglich wäre.

Wenn die Streitparteien nicht selbst zu einer Einigung kommen, wird es notwendig, dass die internationale Gemeinschaft im Sinne der „Wahrung des Weltfriedens" interveniert, um größere Auswirkungen des Konfliktes auf die internationale Sicherheit zu verhindern.[175]

---

[175] Vgl. Art. 1 UNC in: BpB (Hrsg.): Menschenrechte; S. 33.

4. Politische Möglichkeiten zur Konfliktbeilegung

4.1. Internationale Möglichkeiten zur Friedenswahrung

Eine gewaltsame Besetzung des Gebietes durch eine internationale Streitmacht ist ohne eine politische Lösung nicht geeignet, um einen Konflikt einzudämmen, so dass sie als alleiniges Mittel bisher nicht angewandt, sondern immer in Verbindung mit anderen Lösungsansätzen durchgeführt wurde. Jedoch ist militärischer Druck von außen notwendig, um ein Gleichgewicht im Kräfteverhältnis der Konfliktparteien herzustellen.[176] Eine politische Lösung sowie die Schaffung von Rahmenbedingungen für eine Friedensregelung sollen dadurch wieder ermöglicht werden.[177]

Ein Einschreiten von anderen Staaten ist jedoch sehr schwer, da die Staaten aufgrund des internationalen Völkerrechts nicht einfach in einen souveränen Staat eingreifen können. Bei einer internationalen Intervention werden vor allem die Rechte eines Staates auf Souveränität und territoriale Hoheit verletzt.

Jeder Staat besitzt das Recht der freien Selbstbestimmung in inneren und äußeren Angelegenheiten.[178] Die gegenseitige Anerkennung desselben ist die bedeutendste Grundlage für eine zwischenstaatliche Friedenswahrung. Auch der Abschluss von Verträgen, die Kompetenzen des Staates einengen, führt nicht zu einem Verlust der Souveränität.

Ebenso ist der Eingriff in die territoriale Hoheit eines Staates nicht jederzeit möglich. Die Territorialhoheit, auf die jeder Staat Anspruch hat, wird unterteilt in die territoriale Souveränität und die Achtung der Gebietsho-

---

[176] Vgl. Denison in: Europäische Sicherheit 9/94; S. 447.

[177] Vgl. Antwort der Bundesregierung auf die Große Anfrage der Fraktion Bündnis 90/Die Grünen zur Sicherheitspolitik (Drucksache 13/181 des Deutschen Bundestages vom 02.07.96); in: BPA (Hrsg.): Zu Einsätzen der Bundeswehr im Rahmen kollektiver Sicherheitssysteme, S. 49.

[178] Vgl. Schultz: Die Auslandsentsendung von Bundeswehr und Bundesgrenzschutz zum Zwecke der Friedenswahrung und Verteidigung; S. 21.

heit.[179] Die Souveränität der einzelnen Staaten beinhaltet deren Verpflichtung, dieses Recht auch gegenüber anderen Staaten zu respektieren.[180] Nur
der jeweilige Staat selbst besitzt das alleinige Verfügungsrecht über sein
Staatsgebiet. Ohne eine vertragliche Regelung darf kein Staat über das
Staatsgebiet eines anderen verfügen. Die Gebietshoheit umfasst das Recht,
Akte der Staatsgewalt gegenüber den Bewohnern des Staatsgebietes vor-
nehmen zu können. Ohne Einwilligung dürfen auf fremden Territorium
keine Hoheitsakte durchgeführt werden, die auf diesem Gebiet Wirkung
entfalten.

Den Staaten ist es gemäß Art. 2 Ziff. 1 UNC ebenso wie der UNO nach
Art. 2 Ziff. 7 UNC verboten, sich in die inneren oder äußeren Angelegenheiten eines anderen Staates einzumischen, sofern die Souveränität dadurch beeinträchtigt oder beseitigt wird.[181] Somit besitzt selbst die UNO
keine supranationalen Befugnisse.

„No state has the right to intervene, directly or indirectly, for any reason
whatever, in the internal or external affairs of any other state. Conse-
quently, armed intervention and all other forms of interference or at-
tempted threats against the personality of the state or against its politi-
cal, economic and cultural elements, are condemned."[182]

Nach dem heute geltenden weiten Interventionsbegriff ist es schon verboten, Druck auf einen anderen Staat durch unangemessene politische oder
wirtschaftliche Mittel auszuüben.[183] Das Verbot umfasst folglich nicht nur
die militärische Intervention.

Die Ansicht, dass die humanitäre Intervention zur Wiederherstellung einer
Demokratie, im Völkerrecht erlaubt sei, wird hauptsächlich von amerikanischen Wissenschaftlern vertreten.[184] Auf dem europäischen Kontinent hal-

---

[179] Vgl. Schultz: Die Auslandsentsendung von Bundeswehr und Bundesgrenzschutz
zum Zwecke der Friedenswahrung und Verteidigung; S. 22.
[180] Vgl. Seidl-Hohenveldern: Völkerrecht; Rn 1444 f.
[181] Vgl. Ipsen: Völkerrecht; § 57 Rn 51.
[182] Resolution 2131 (XX) vom 21. 12.1961; in: UNIC (Hrsg.): UNO; Internet, Stand:
16.12.1999.
[183] Vgl. Ipsen: Völkerrecht; § 60 Rn 54 ff.
[184] Vgl. Shaw: International Law; S. 725.

ten jedoch nur die französischen Völkerrechtler eine einseitige gewaltsame humanitäre Intervention weiterhin für zulässig.[185] Sie ist jedoch nur insofern mit dem Prinzip der Nichteinmischung vereinbar, als schwere Verletzungen der humanitären Mindeststandards nicht mehr durch die nationale Jurisdiktion geahndet werden können. Somit ist eine Intervention zur Durchsetzung des humanitären Mindeststandards mit dem Prinzip der Nichteinmischung vereinbar.

Nur wenn neue Staaten entstehen oder ein Teil des Landes sich einem anderen Staat anschließt, ist eine Intervention gerechtfertigt.[186] Alle Kriegsparteien und Staaten sind an die Einhaltung der Menschenrechte gebunden. Lediglich die Vereinten Nationen (UN) haben als System gegenseitiger kollektiver Sicherheit nicht die Genfer Konvention unterschrieben, sich jedoch selbst zur Einhaltung der Menschenrechte verpflichtet, die in der Charta der UN zum Ausdruck kommen.[187] Auch die NATO wird gemäß Art. 1 Nordatlantikvertrag (NV) von 1949 neben der WEU, die ebenfalls die Erhaltung des internationalen Friedens in der Präambel des Vertrages zum Brüsseler Pakt von 1948 - die Grundlage zur späteren WEU - manifestierte, als System kollektiver Sicherheit bewertet, obwohl sie im eigentlichen Sinne Defensivbündnisse darstellen.[188]

Die Charta der UN (UNC) legt weitere Auflagen für eine Intervention fest. Art. 2 Ziff. 4 UNC verpflichtet alle UN-Mitglieder, auf die Anwendung und Androhung militärischer Gewalt zu verzichten.[189] Diese Regelung wird zum allgemeinen Völkergewohnheitsrecht gerechnet wird.[190] Sie basiert auf dem im Briand-Kellog-Pakt von 1928 vertraglich vereinbarten Kriegsverbot bezieht und bezieht sich auf die territoriale Unversehrtheit

---

[185] Vgl. Pauer: Die humanitäre Intervention; S. 129, 152 f.
[186] Vgl. Schindler in: Revue Egyptienne de droit International, 52/1996; S. 8, 17 f., 26 f.
[187] Vgl. Dau in: NZWehr 1994 Heft 5; S. 179 f.
[188] Vgl. Randelzhofer: Völkerrechtliche Verträge; S. 43, 46f., 48 f.
[189] Vgl. Bruha in: Wolfrum: Handbuch Vereinte Nationen; Nr. 31 Rn 1, 11.
[190] Vgl. Bothe in: Schaumann: Völkerrechtliches Gewaltverbot und Friedenssicherung; S. 16.

58

und die politische Unabhängigkeit eines Staates.[191]Durch diese gewohnheitsrechtliche Anerkennung sind auch alle anderen Staaten an diese Regelung gebunden.[192] Das Gewaltverbot wird dem völkerrechtlichen ius cogens zugeordnet und erstreckt sich nur auf nur in bezug auf die internationalen Beziehungen.[193]

Als Möglichkeiten zur friedlichen Beilegung von Konflikten (peace making) - eine Intervention ohne militärische Maßnahmen - sieht Art. 33
UNC vor: Verhandlung, Untersuchung, Vermittlung, Vergleich, Schiedsspruch, gerichtliche Entscheidung durch den Internationalen Gerichtshof
oder die Inanspruchnahme regionaler Einrichtungen sowie Abmachungen.[194]

Eine Intervention stellt folglich jede Einwirkung militärischer oder nichtmilitärischer Art eines auswärtigen Akteurs auf das politische System eines
Landes dar.[195] In der heutigen Politik scheint sich jedoch ein Gebot vor
dem Verbot der Einmischung in innere Angelegenheiten eines Staates
durchzusetzen, sofern es dem Demokratisierungsprozess förderlich erscheint. Neben der Aufforderung Eisenhowers zum „Kreuzzug für die
Freiheit" und der Einrichtung eines „National Endowment for Democracy"
unter Reagan, strebt die USA der heutigen Zeit mit Präsident Clinton ausdrücklich die Förderung der Demokratisierung der Herrschaftssysteme an -
sofern sie umsetzbar erscheint. So konnte die internationale Gemeinschaft
den Krieg zwischen Russland und Tschetschenien aufgrund der gravierenden Menschenrechtsverletzungen zwar verurteilen, Maßnahmen gegen die
russische Atommacht jedoch nicht ergreifen, da ansonsten die internationale Sicherheit gefährdet gewesen wäre. Auch von deutscher Seite wird
darauf hingewiesen, ob nicht eine Abkehr von dem seit dem Westfälischen
Frieden von 1648 bestehenden Ordnungsprinzips des Nationalstaates not-

[191] Vgl. Randelzhofer (Hrsg.): Völkerrechtliche Verträge; S. 2.
[192] Vgl. Geiger: Grundgesetz und Völkerrecht,; § 65 I Rn 1.
[193] Vgl. Schultz: Die Auslandsentsendung von Bundeswehr und Bundesgrenzschutz
zum Zwecke der Friedenswahrung und Verteidigung; S. 24.
[194] Vgl. Ipsen: Völkerrecht; § 60 Rn 2, 5 ff.
[195] Vgl. Czempiel in: Kaiser; Schwarz (Hrsg.): Die neue Weltpolitik; S. 419.

wendig sei, um ethnische Konflikte frühzeitig einzudämmen.[196] Der Nationalstaat bliebe zwar bestehen, müsse aber seine Interessen im Zuge der
Globalisierung neu definieren.[197]

Als Präventivmaßnahmen können in einem ethnischen Konflikt Entwick-
lungsmaßnahmen zur Bekämpfung gesellschaftlicher und ökologischer
Konfliktursachen[198] sowie ferner zur Friedensschaffung wirtschaftliche
Sanktionen beschlossen werden.[199] Diplomatische Verhandlungen, ver-
trauensbildende Maßnahmen, die Einschaltung des Schiedsgerichtes oder
der vorbeugende Einsatz von Blauhelmen zur Einrichtung entmilitarisierter
Zonen sind jedoch nur wirksam, wenn die Krise rechtzeitig erkannt
wird.[200] In einem ersten Schritt, nachdem die vorbeugende Diplomatie
(preventive diplomacy) versagt hat, kann die UN friedensschaffende Maßnahmen (peacekeeping operations) durchführen.[201] Diese sollen mit den
Prinzipien der Humanität, Neutralität und Unvoreingenommenheit vereinbar sein. Bisher werden die Möglichkeiten der präventiven Diplomatie sowie der Früherkennung von Konflikten nur unzureichend genutzt.[202] Neben
einem einstimmigen Beschluss des UN-Sicherheitsrates müssen zudem alle
Staaten zustimmen, die an dem Konflikt beteiligt sind. Die Kriegsparteien
können ihn selbst darum bitten, oder er untersucht den Konflikt aus eigener Initiative. Um tätig zu werden, muss der Sicherheitsrat laut Art. 39
UNC verbindlich einen Konfliktfall feststellen, wobei ihm ein breiter Er-
messensspielraum gegeben ist. Interne Verhältnisse in einem Staat stellen
gemäß der praktischen Umsetzung des Völkerrechts nur eine Friedensbe-

[196] Vgl. Naumann: Die NATO auf dem Weg ins 21. Jahrhundert; S. 6.
[197] Vgl. Gerz in: Reader Sicherheitspolitik; 8/98, S. 57, 68 ff.
[198] Vgl. Antwort der Bundesregierung auf die Große Anfrage der Fraktion Bündnis
90/Die Grünen zur Sicherheitspolitik (Drucksache 13/181 des Deutschen Bundestages vom 02.07.96); in: BPA (Hrsg.): Zu Einsätzen der Bundeswehr im Rahmen kollektiver Sicherheitssysteme, S. 48.
[199] Vgl. Schindler in: Revue Egyptienne de droit International ; 52/1996, S. 8, 17 f., 26
f.
[200] Vgl. Schultz: Die Auslandsentsendung von Bundeswehr und Bundesgrenzschutz
zum Zwecke der Friedenswahrung und Verteidigung; S. 58.
[201] Vgl. Unser: Die UNO; S. 85-87, 90-93.
[202] Bundesaußenminister Dr. Klaus Kinkel in: Plenarprotokoll 12/240; S. 21168.

drohung dar, wenn Nachbarstaaten in den Konflikt verwickelt werden können.[203] Peacekeeping Operations im Rahmen der UN-Charta lassen sich in drei Gruppen einteilen:[204] Die Stationierung von Friedenstruppen dient zur Bildung einer Pufferzone sowie zur Entmilitarisierung der Konfliktparteien. Militärische Beobachtergruppen haben die Aufgabe, die Einhaltung des Friedensabkommens zu überwachen. Gemischt militärisch-zivile Friedensmissionen werden durchgeführt um eine innerstaatliche Befriedung durch die Herstellung eines demokratischen politischen Systems zu gewährleisten.[205] Als letzte Möglichkeit kann der Frieden auch durch den Einsatz militärischer Kräfte erzwungen werden. Meist lassen sich die aufgezählten Maßnahmen nicht eindeutig voneinander trennen, sondern mehrere Mittel werden gleichzeitig angewandt.

Sanktionen besitzen zudem nur eine begrenzte Wirkungskraft gegen Parteien in ethnischen Konflikten.[206] Teilweise konnte durch die daraus resultierende Hyperinflation und dem Zusammenbruch der Wirtschaft in Serbien die Unterstützung der bosnischen Serben zwar begrenzt werden. Aber die Mehrheit der jugoslawischen Bevölkerung setzte die Verhängung von Sanktionen mit der Verurteilung aller zu einer Kollektivschuld gleich.[207] Viele Serben sahen darin einen weiteren Grund für Miloševiæ den Nationalismus zu intensivieren, da er auf die Isolierung Serbiens durch die Phobie der westlichen Staaten hinwies. Ebenso erwartet die serbische Opposition als eine Art Belohnung die Lockerung der Sanktionen. Als Beispiel kann aufgeführt werden, dass die Regierung unter Premierminister Milan Paniæ versuchte, einen moderaten Kurs zu verfolgen und im Gegenzug die UN bat, Öllieferungen zur Unterstützung der Krankenhäuser zuzulassen. Die UN erteilten keine Erlaubnis. Ebenso fielen zwar Medikamente nicht

[203] Vgl. Frowein in: Simma (Hrsg.) Kommentar zur UNC; Art. 39 Rn 20 ff.
[204] Vgl. BPA (Hrsg.): Zu Einsätzen der Bundeswehr im Rahmen kollektiver Sicherheitssysteme; S. 3.
[205] Vgl. BPA (Hrsg.): Verantwortung für Frieden und Freiheit; CD-ROM, Stichwort: Instrumente zur Friedenssicherung.
[206] Vgl. Kaufmann in: International Security; Vol. 20 No. 4 1996; S. 164.
[207] Vgl. Makarenko in: Project on Ethnic Relations (Hrsg.): Interethnic relations in Serbia/Yugoslavia; Internet; Stand: 16.12.1999.

unter die Sanktionen, doch sei, so Paniæ, die Liste der Einfuhrverbote so lang und kompliziert, dass ausländische Medikamente nicht nach Serbien gelangten.

Schon am 25. September 1991 hatte die UNO gegen Jugoslawien in der Resolution 713 ein Waffenembargo unter Berufung auf Kapitel VII der Charta verhängt.[208] Bis 1996 wurde ebenso in der Operation Sharp Guard die Überwachung des Handels- und Waffenembargos zur See und in der Luft durchgeführt. Schon im August 1992 richtete die EG die „Internationale Konferenz über das ehemalige Jugoslawien" ein, verfolgte jedoch keine einheitliche Politik gegenüber den Staaten des ehemaligen Jugoslawien.[209] Die Einrichtung einer Schutztruppe der UN-Protection Force (UNPROFOR) folgte zu Beginn des darauffolgenden Jahres. Die Verhängung von Wirtschaftssanktionen (Resolution 757) und die Errichtung einer Luftbrücke im Juli, die bis Kriegsende zur Versorgung Sarajevos diente, wurde als weitere Maßnahme beschlossen.[210] Jeder EG-Staat unterstützte seine Verbündeten aus den beiden Weltkriegen. Im April 1993 begann die NATO mit der Überwachung des Luftraumes über Bosnien-Herzegowina, um sich ein Bild über die militärische Situation verschaffen zu können.[211] Die Operation war nicht durch den NATO-Vertrag gedeckt, aber vom NATO-Rat beschlossen worden, nachdem die UNO sie gemäß Art. 53 als regionale Einrichtung um Unterstützung gebeten hatte. Russland unterstützte dies, war jedoch einer der wichtigsten Waffenlieferanten für alle Kriegsparteien.[212]

Hätte die internationale Gemeinschaft in Bosnien früher interveniert, hätten viele Menschenleben gerettet werden können.[213] Zudem hätten die Muslime eine bessere Ausgangsbasis für territoriale Verhandlungen ge-

---

[208] Vgl. Randelzhofer: Völkerrechtliche Verträge; S. 1443-1467.

[209] Vgl. Giersch in: Aus Politik und Zeitgeschichte B 29/97; S. 31-37.

[210] Vgl. Hoppe: Die russische Balkanpolitik; in: Außenpolitik 1/98; S. 44.

[211] Vgl. Roellecke in: Der Staat 35. Band, 1995 Heft 3; S. 415, 422, 424.

[212] Vgl. BMVg (Hrsg.): Informationen zum deutschen Beitrag bei der militärischen Absicherung des Friedensvertrages im ehemaligen Jugoslawien; S. 3, 27, 28.

[213] Vgl. Kaufmann in: International Security; Vol. 20 No. 4 1996, S. 162 f., 166 f.

habt. Wichtig wäre dafür allerdings die internationale Einsicht gewesen, dass ein multiethnisches Bosnien unmöglich geworden wäre und man großangelegten Bevölkerungstransfers nicht ablehnend gegenübergestanden hätte. Die Trennung der Volksgruppen setzt nach Kaufmann keine Schaffung von ethnisch „reinen" Gebieten voraus. Die Minderheiten sollten nur klein genug sein, um nicht für die Mehrheit der Bevölkerung eine Bedrohung darzustellen. Der kroatische Präsident Franjo Tudjman erklärte zum Beispiel im August 1995 kurz vor der Krajina-Offensive, dass der serbische Bevölkerungsanteil in Kroatien zwar zu groß sei, die Hälfte der insgesamt 12 Prozent jedoch duldbar wäre.

Zur Wiederherstellung des Weltfriedens und der internationalen Sicherheit gemäß Art. 1 UNC können als ultima ratio auch Streitkräfte gegen Friedensstörer einsetzen.[214] Zu unterscheiden sind davon militärische Gewaltmaßnahmen. Laut Art. 2 Satz 4 und 7 UNC ist eine bewaffnete Intervention verboten. Nur zur Selbstverteidigung, mit Einwilligung des betreffenden Staates oder durch einen Entscheidungsprozeß nach Kapitel VII UNC ist gemäß Art. 51 Waffengewalt zugelassen.[215] Der Sicherheitsrat muss zur Anwendung dieses Kapitels der Charta nach Art. 39 UNC das Vorliegen einer Bedrohung, eines Bruches des Friedens oder einer Angriffshandlung feststellen, um anschließend militärische Zwangsmaßnahmen nach Art. 42 UNC anzuordnen. Er besteht aus den fünf permanenten Mitgliedern - China, Frankreich, Russland, Großbritannien sowie den USA - und zehn nichtständigen Mitgliedstaaten, die alle zwei Jahre neu gewählt werden. Die Beschlüsse des Rates sind für alle Mitgliedsstaaten bindend.[216] Nach Abschluss eines Sonderabkommens sind sie verpflichtet, zu entsprechenden Einsätzen Truppen abzustellen.[217]

---

[214] Vgl. Roellecke in: Der Staat 35. Band, 1995 Heft 3; S. 417.
[215] Vgl. Schindler in: Revue Egyptienne de droit International; 52/1996, S. 8, 17 f., 28, 31 f.
[216] Vgl. Doehring in: Isensee; Kirchhof: Handbuch des Staatsrechts; §177, Rn 17.
[217] Vgl. Bähr in: NZWehrr 5/1994, S. 188.

In einer Offensive im Mai und August 1995 begann in Kroatien die große Vertreibungswelle. In Anbetracht einer späteren Friedensgrundlage, die nur durch weitgehend homogene Großregionen ermöglicht werden konnte, duldeten nach der Auffassung Debiels die USA die Vertreibung von etwa 200 000 Serben aus dieser Region.[218] Erst als im Frühjahr 300 Blauhelmsoldaten der UNPROFOR als menschliche Schutzschilde in Geiselhaft genommen worden waren und ein weiteres Massaker auf dem Marktplatz im September durch serbische Granateinschläge erfolgte, musste die internationale Gemeinschaft Maßnahmen ergreifen.[219] Vorher konnte kein Konsens zwischen den UN-Mitgliedern gefunden werden, obwohl eine Mehrheit sich darüber einig war, dass ein begrenzter militärischer Einsatz ein Kräftegleichgewicht schon zu einem früheren Zeitpunkt hätte herstellen können. Die Gründe für eine bewaffnete Intervention waren in Bosnien der Schutz der UNPROFOR durch Luftschläge, um somit die Durchführung humanitärer Hilfsmaßnahmen zu sichern. Zum anderen sollten die Sicherheitszonen aufrecht erhalten werden, die zur Verhinderung von Völkermord dienten. Die geringe Truppenstärke ermöglichte jedoch den Kroaten geradezu die Besetzung der illegalen „Republik Krajina" und der Vertreibung der Serben, die sich nicht mit dem Autonomiestatus der UN-Schutzzone hatten zufrieden geben wollen. Zur Unterstützung der durch ihren Druck wiedergegründeten kroatisch-muslimischen Föderation vertraten die USA die Taktik „Lift and strike", die eine stärkere Bewaffnung der Föderation durch zusätzliche Lieferungen aus dem Iran erzielen sollte. Zwar kann dadurch ein Gleichgewicht der ethnischen Parteien bewirkt werden, Schutz vor Massakern und ethnischen Säuberungen bietet dieser Lösungsansatz jedoch nicht.[220] Ein Patt konnte aber nicht erreicht werden. Die NATO bombardierte deshalb serbische Stellungen. Die bosnischen Serben sahen keine Chance für einen Sieg mehr und lenkten ein. Die Angriffe waren somit keine Kriegserklärungen an die ethnischen Parteien

[218] Vgl. Debiel in: Blätter für deutsche und internationale Politik; Mai/1999, S. 540.
[219] Vgl. Zumach in: Vereinte Nationen 1/1997; S. 10.
[220] Vgl. Kaufmann in: International Security; Vol. 20 No. 4 1996, S. 164.

64

Bosniens, sondern dienten zur Wiederherstellung der Ordnung in der Völkergemeinschaft.

Ein dauerhafter Frieden setzt laut Kaufmann die Trennung der verschiedenen Bevölkerungsgruppen in Gebiete voraus, die von ihnen selbst verteidigt werden können.[221] Dabei sei die Zusammensetzung der Bevölkerung entscheidend - nicht die Souveränität, da bei verbleibenden Minderheiten die Gründe zur ethnischen Säuberung fortbestünden. Schon im Dezember 1991 hatten sich die Mitgliedstaaten der EG für die Anerkennung Kroatiens, Sloweniens und BiHs ausgesprochen. [222]Anfang 1992 war ihre Mitgliedschaft in den UN beschlossen worden.[223] Die Erklärung der Unabhängigkeit und die Forderung nach Souveränität allein könne aber auch eine Verschärfung des Konfliktes bewirken, wenn bei einer Trennung große Gruppen von ethnischen Minderheiten in dem neu entstandenen Staatsgebiet verbleiben würden, so Kaufmann. Die internationale Anerkennung des kroatischen und bosnischen Staates verursachte erst die Invasion serbischer Truppen, um den Erhalt des Gesamtstaates durchzusetzen. Kaufmann ist der Ansicht, dass man auch ohne eine Unabhängigkeitserklärung ethnische Sicherheitsrisiken beseitigen könne, indem man die einzelnen Bevölkerungsgruppen räumlich weitgehend voneinander trennt, so dass möglichst ethnisch homogene Gebiete entstehen. Den Konfliktparteien müsse es anschließend ermöglicht werden, diese Gebiete auch eigenständig verteidigen zu können, um die Aufhebung der Autonomie für diese Region unmöglich zu machen. Zur eigenen Interessenwahrung solle den Minderheiten eine weitreichende regionale Autonomie verliehen werden, ohne einen erneuten Nationalitätenkonflikt zu bewirken. Nach ethnischen Kriegen beruht diese meist auf eine Teilung des Staatsgebietes. Kaufmann führt aus, dass die Befriedung auch von den betreffenden Staaten selbst durchgeführt werden könnte, so dass internationale militärische Maßnahmen der

---

[221] Vgl. Kaufmann in: International Security; Vol. 20 No. 4 1996, S. 161 f., 165.
[222] Vgl. Erklärung vom 16. 12. 1991 in Den Haag/Brüssel zu Jugoslawien; in: AA (Hrsg.): GASP; S. 293 f.
[223] Vgl. AA (Hrsg.): ABC der VN; S. 122.

„Eroberung und Trennung" deshalb die ultima ratio darstellten. Diese beinhalteten die Sicherung einer durch die internationale Gemeinschaft festgelegte Separationslinie. Je größer das Truppenkontingent sei, um so leichter und schneller könne ein Erfolg erreicht werden. Die Gewinnung der Loyalität der Bevölkerung spielt dabei eine große Rolle, um kein Vietnam-Szenario zu bewirken, wie es 1993 geschehen ist, als Somalis die nackte Leiche eines u.s.-amerikanischen Soldaten durch die Straßen von Mogadischu zogen.[224] Wichtig ist laut Kaufmann, dass eine einheitliche Front bis zur vollständigen Eroberung des Gebietes bis zur Trennungslinie besteht. Fraglich bleibt jedoch, inwieweit die ethnischen Säuberungen in der Eroberungsphase eingedämmt werden können.

Zur Friedenssicherung im ehemaligen Jugoslawien beschloss der UN-Sicherheitsrat auf Grundlage der Resolution 1031 die Stationierung der Peace Implementation Force (IFOR) mit 60 000 Mann aus 33 Nationen im Dezember 1995 zum Abbau der Feindschaft beitragen.[225] Deutlich wird die Auflösung des Kapitels VII der UNC.[226] Die internationalen militärischen Einheiten werden nicht zentral von der UNO geführt. Die IFOR ist keine UN-Truppe, sondern lediglich durch die UN zum „Peacekeeping"-Einsatz autorisiert. Krieg, Unterdrückung und anhaltende Menschenrechtsverletzungen sollten eingedämmt werden. Sie sollte zunächst die Vertreibung serbischer Kräfte aus Sarajevo und der muslimischen Enklave von Goražde durchsetzen sowie diese Gebiete der bosnischen Regierung unterstellen.[227] Die Folge war jedoch, dass die Serben nun die „Politik der verbrannten Erde" betrieben. Erfolge konnten erst Ende 1996 verzeichnet werden. Die Parteien waren getrennt, schwere Waffen eingesammelt, die militärischen Verbände demobilisiert sowie Abrüstungsverträge vereinbart worden.[228]

---

[224] Vgl. Krieg für das gute Gewissen; in: DER SPIEGEL 17/1999; S. 34.

[225] Vgl. BMVg (Hrsg.): Informationen zum deutschen Beitrag bei der militärischen Absicherung des Friedensvertrages im ehemaligen Jugoslawien; S. 5.

[226] Vgl. Dörr: Die Vereinbarungen von Dayton/Ohio; in: Archiv des Völkerrechts-Band 35/2, S. 149 f.

[227] Vgl. Kaufmann in: International Security; Vol. 20 No. 4 1996, S. 168.

[228] Vgl. BMVg (Hrsg.): Informationen zum deutschen Beitrag bei der militärischen Absicherung des Friedensvertrages im ehemaligen Jugoslawien; S. 3.

Ebenso unterstützten die UN die Minenräumung in Bosnien-Herzego-wina.[229] IFOR wurde 1996 durch die 30 000 Mann starke Stabilization Force (SFOR) abgelöst (Resolution 1088). Jedoch lässt sich bei einem Eingriff zugunsten einer Seite - hier der muslimisch-kroatischen Föderati-on - der Grundsatz der Neutralität nur schwer umsetzen.[230] Zudem ver-harrte die europäische Staatenwelt im alten Denken der militärisch ge-prägten Sicherheit und war somit nicht genügend gerüstet, um effektiv auf die Lösung des Bürgerkrieges zu reagieren.[231]

Schon zu Beginn der Auflösung Jugoslawiens hätte der Westen durch die Gewährung des erbetenen Kredits eine Eskalation verhindern können.[232] Doch wies man nach dem Zerfall der Sowjetunion der Aufrechterhaltung des Pufferstaates Jugoslawien nicht mehr die höchste Priorität zu.

4.2. Gewaltenteilung oder ethnische Trennung in Bosnien

Arend Lijphart spricht sich in multiethnischen Staaten für eine Gewalten-teilung nach dem Modell einer „consociational democracy" aus.[233] Diese Theorie besagt, dass ethnische Zugehörigkeit manipuliert werden kann. Die politischen Eliten der verschiedenen Volksgruppen könnten sich auf das Prinzip der Aufteilung der Machtbefugnisse zwischen den einzelnen Bevölkerungsteilen einigen, um einen ausreichenden Schutz für die Ge-samtbevölkerung zu gewährleisten. Schlüsselbestandteile seien die ge-meinsame Ausübung der Regierungsmacht, eine proportionale Aufteilung von Regierungskapital und -ämtern sowie ein Minderheitenveto bei Streit-fragen von entscheidender Bedeutung für eine Ethnie, kombiniert mit einer Autonomie in ethnischen Fragen, die mittels regionalen Föderationen er-

---

[229] Vgl. AA (Hrsg.): 25 Jahre deutsche Beteiligung an Friedenserhaltenden Maßnahmen der Vereinten Nationen; S. 22.
[230] Vgl. Saalfeld in: NZWehr 4/1994, S. 147.
[231] Vgl. BMVg (Hrsg.): Weißbuch 1994; Rn 235.
[232] Vgl. Interview mit Hans Koschnick; in: Evangelische Kommentare 5/99; zitiert nach: Pressemitteilungen; BMVg (Hrsg.): SFOR; Internet, Stand: 16.12.1999.
[233] Vgl. Kaufmann in: International Security; Vol. 20 No. 4 1996, S. 155 f.

67

reicht werden könnten, sofern einzelne Gruppen in einem Gebiet die Mehrheit stellen würden.

Fraglich ist aber, ob nach einem Krieg angesichts des noch in großem Umfang vorhandenen Gewaltpotentials in der gesamten Bevölkerung eine solche Gewaltenteilung tatsächlich funktionieren kann. Bisher blieb dieser Lösungsansatz Theorie.

Mit dem Friedensabkommen von Dayton wurde 1995 nach etlichen erfolglosen Konferenzen mit der Umsetzung des Modells begonnen.[234] Seit 1991 hatte man regelmäßig unter der Schirmherrschaft der EG und der UNO regelmäßig verhandelt. Der UNHCR hatte beschlossen, entgegen seiner Aufgabe der Unterstützung von Flüchtlingen in anderen Staaten, auch intern in BiH durch Hilfeleistungen die Binnenvertriebenen vor weiteren Fluchtbewegungen zu bewahren.[235]

1992 versuchte man sich auf ein Kantonsmodell zu einigen, bei dem Gebiete mit Bevölkerungsmehrheiten der einen oder anderen Seite zugesprochen werden sollten. Vorbild war das Regierungssystem der Schweiz, wo die einzelnen Kantone selbständige Staatsgebilde sind, die an der Bildung der Zentralgewalt im Rahmen des Bundes beteiligt sind.[236] Als die Kämpfe zur Schaffung ethnisch reiner Gebiete dadurch eskalierten, schlugen der Vermittler der UNO, David Owen, und der EG, Cyrus Vance, im Februar 1993 eine neue Lösung vor, den sogenannten Vance/Owen-Plan. Dieses Regionalisierungsmodell basierte auf der Volkszählung von 1991 und sollte die Rückkehr der Flüchtlinge ermöglichen, indem die von den Kriegsparteien geschaffenen ethnisch homogenen Territorien revidiert werden sollten. Der Plan wurde jedoch von den Vertretern der Ethnien BiHs abgelehnt. In allen zehn Kantonen des Vance-Owen-Planes wären große Minderheiten verblieben, von denen einige völlig von feindlichen

[234] Vgl. Calic: Krieg und Frieden in Bosnien-Hercegovina; S. 186-206.
[235] Vgl. Achermann: Die völkerrechtliche Verantwortlichkeit fluchtverursachender Staaten; S. 102 f.
[236] Vgl. Schneider in: Rabl (Hrsg.): Das Recht auf die Heimat; S. 64.

Volksgruppen umgeben gewesen wären.[237] Die Teilung Bosniens in eine muslimisch-kroatische Föderation und eine Serbenrepublik, wie sie 1994 mit knapper Mehrheit von der Kontaktgruppe verabschiedet wurde, wäre besser gewesen. Doch hätte auch diese keine Lösung für die muslimischen Enklaven von Žepa, Srebrenica und Goražde beinhaltet, von denen zwei später unter großen Verlusten an Menschenleben überrannt wurden.

Serben und Kroaten hatten sich im Juni 1993 jedoch auf drei ethnische Regionen in gemeinsamer Föderation geeignet.[238] Schließlich einigten sich die Präsidenten Serbiens, Bosniens und Kroatiens im Friedensabkommen von Dayton (Ohio) am 21. November 1995 auf eine Zweistaatenunion.

Neben einem allgemeinen Rahmenabkommen enthält das „Dayton Peace Agreement" zwölf eigenständige völkerrechtsvertragliche Anhänge.[239] In Annex 2 wird eine Demarkationslinie festgesetzt - die „Inter-Entity Boundary Line", die nur in gegenseitigem Einvernehmen aller Parteien verändert werden kann.[240] Laut Art. IV des Abkommens sollen die bis dato von der jeweils feindlichen Macht besetzten Gebiete jenseits dieser Grenze geräumt sowie die regulären und paramilitärischen Truppen entwaffnet werden. Die Grenzen der Gebiete müssen geographisch sorgsam gewählt sein, also entlang von Flüssen oder Bergen führen und so kurz wie möglich gezogen werden, um eine Selbstverteidigung zu ermöglichen.[241] So war es kroatischen Truppen leicht möglich die fast 1 200 Kilometer lange Grenze der Krajina zu überschreiten, die lediglich 30 000 Serben verteidigen konnten. Der Korridor in Gorazde ist zudem nur vier Kilometer breit, so dass dort nach dem Verlassen der internationalen Truppen ein großes Sicherheitsrisiko bestehen bleiben wird. Ein breiterer Korridor hätte zwar die Flucht weiterer serbischer Zivilisten bedeutet, hätte aber die Lage gravie-

---

[237] Vgl. Kaufmann in: International Security; Vol. 20 No. 4 1996, S. 167.
[238] Vgl. BMVg (Hrsg.): Folgeoperation SFOR; S. 19.
[239] Vgl. Dörr: Die Vereinbarungen von Dayton/Ohio; in: Archiv des Völkerrechts-Band 35/2, S. 129-134.
[240] Vgl. Further developments regarding ex-Yugoslavia; in: International Peacekeeping; October-November 1995; S. 140-156, 163 f.
[241] Vgl. Kaufmann in: International Security; Vol. 20 No. 4 1996, S. 163, 168.

rend entschärft. Die ethnische Trennung wurde zwar durch den Vertrags-
abschluß zementiert, dennoch regelte man in Annex 7 die in Art. II der
Verfassung BiHs garantierte Rückkehr der Flüchtlinge und Vertriebenen
an ihren angestammten Wohnort, die durch eine Abschaffung diskriminierender Gesetze und Verwaltungspraktiken sowie über eine Zusammenarbeit mit internationalen Organisationen, vor allem mit der United Nations
High Commissioner for Refugees (UNHCR), erreicht werden soll. Verantwortlich für die Rückkehr ist eine unabhängige Kommission, der Vertreter aller Kriegsparteien angehören. Neben der Rückgabe des illegal im
Zusammenhang mit ethnischen Säuberungen verlorengegangenen Eigentums durch einen Fonds der bosnischen Zentralbank, ist auch eine Ent-
schädigungsregelung vorgesehen, deren Umsetzung jedoch sehr fraglich
erscheint. Die IFOR soll laut Art. V des Abkommens die sichere Rückkehr
der Flüchtlinge gewährleisten und den Frieden garantieren. Ziel ist die
Umsetzung des Prinzips der freiwilligen Rückführung zur Umsetzung des
Rechtes auf Rückkehr in ihre Heimat im Sinne der Wiedergutmachung, der
restitutio in integrum.[242] Über dreißig Nationen beteiligen sich an diesem
Einsatz.[243]

Schon während der Verhandlungen in Dayton einigten sich die Parteien
auf den sofortigen Beginn der Flüchtlingsrückkehr.[244] So gestand Kroatiens Präsident Tudjman serbischen Vertriebenen zu, im kroatischen Ostslawonien bleiben zu können. Aber zwei Wochen später hatte man immer
noch nicht mit der geregelten Rückführung begonnen. Auch drei Jahre danach konnte das Flüchtlingsproblem nicht gelöst werden, trotzdem die EU
BiH einseitige Handelspräferenzen und umfangreiche Aufbauhilfen gewährte.[245] Angehörigen anderer Volksgruppen wird es nicht ermöglicht, in

---

[242] Vgl. Achermann: Die völkerrechtliche Verantwortlichkeit fluchtverursachender
Staaten; S. 106.
[243] Vgl. BMVg (Hrsg.): Auftrag Frieden; CD-ROM, Stichwort: Bundeswehr heute.
[244] Vgl. AA (Hrsg.): Auf dem Weg zu einer Friedensregelung für Bosnien und Herzegowina; S. 54, 60, 94 f.
[245] Vgl. AA (Hrsg.): Deutsche Außenpolitik 1997; S. 31, 46.

das Gebiet der serbischen Republik BiHs (RS) zurückzukehren.[246] Ebenso herrscht in der muslimisch-kroatischen Föderation Bosnien und Herzegowina (FöBuH) nur eine eingeschränkte Bewegungsfreiheit. So wird unter anderem Muslimen der Zugang in die von Kroaten kontrollierte Westherzegowina verwehrt. Bei der Rückkehr von Serben in die nun bosnisch-muslimische Föderation kam es im Juli 1999 vermehrt zu Spannungen mit dort lebenden bosnischen Kroaten.[247] Im Kanton Una-Sana wurden auf Betreiben der deutschen Bundesregierung aus Ostbosnien stammende bosniakische Flüchtlinge weit entfernt von ihrer Heimat angesiedelt. Der Vorsitzende der Flüchtlingsbüros, Fadil Banjanivi, erklärte, dass dadurch die Urheber der Vertreibung von den deutschen Behörden noch belohnt würden. Ebenso behindern serbische Polizisten die Rückkehr von Bosniaken und kroatische Sicherheitskräfte die der Serben. Nach Bewertung von SFOR kam es zu Beginn des Jahres 1999 zu insgesamt zehn Angriffen auf zurückgekehrte Bosniaken mit Sprengmitteln im serbischen Gradica während des Sommers 1998. Zudem wird serbischen Vertriebenen kostenlos bosniakisches und kroatisches Bauland zur Verfügung gestellt. 30 bis 40 Prozent der Vertriebenen sind deshalb nach dem Krieg nicht in ihre Heimat zurückgekehrt, so dass von einem multiethnischen Bosnien keine Rede sein kann. Laut Angaben der UNHCR kehrten 1998 in die FöBuH 122 220 Flüchtlinge zurück, in die RS 13 650 Personen.

Immer deutlicher wird angesichts dieser Vorfälle, dass Angehörige ethnischer Minderheiten auch nach einer behördlichen Aufforderung nicht in ihre, für sie teilweise sogar zwangsgeräumten, alten Wohnungen zurückkehren. Aufgrund der Gefahr bewaffneter Auseinandersetzungen verweigerte sogar die IFOR Flüchtlingen den Zugang zu ihren Heimatregionen. Finanzielle Mittel zum Wiederaufbau, die eng mit der Umsetzung der Regelungen verbunden und durch die EU im Wiederaufbau-Programm vom Oktober 1995 beschlossen worden waren, fehlen - paradoxerweise mit dem

---

[246] Vgl. Zumach in: Vereinte Nationen 1/1997; S. 12.
[247] Vgl. Koschnik (Hrsg.): Berichte zur Flüchtlingsrückkehr, Monatsbericht Juli 1999, Flüchtlingsberichte 4. Kalenderwoche 1999; Internet, Stand: 16.12.1999.

Hinweis auf die immer noch bestehende ethnische Trennung, zu deren Aufhebung man selbst nicht in der Lage ist.[248]Abgesehen davon, dass sich die Bestimmungen zur Flüchtlingsrückkehr auf diese Weise nicht durchsetzen lassen, wäre es erstrebenswerter gewesen, die Vertriebenen angemessen zu entschädigen.[249]

Tatbestand		Region						
		MOSTAR	TUZLA	BRÈKO	BANJA LUKA	DOBOJ	SARAJEVO	BIHAÆ
Anschläge	Brand							
	Sprengstoff	1					1	1
	Schusswaffen							
Beschwerden	Verwaltung							
gegen	örtliche Polizei	2					1	1
Unfall	Mine							
	Verkehr							
	sonstige							
Einschüchterung von Minoritäten								
Illegaler Checkpoint						1		
Illegale Waffen Besitz/Fund					1	1		
Straßenblockade						1		1
Diebstahl		1		1	1			
Gewaltandrohung			1					
Vandalismus								
Schlägerei								
Schießerei						1		
Mord								
Kidnapping								

[248] Vgl. BPA (Hrsg.): Jahresbericht der Bundesregierung 1995; S. 36.
[249] Vgl. Kaufmann, Chaim: Possible and Impossible Solutions to Ethnic Civil Wars; in: International Security; Vol. 20 No. 4 1996, S. 169.

72

Obige Tabelle zeigt die vielfältigen Möglichkeiten der Einschüchterung von Minderheiten in den registrierten Fällen von der vierten Kalenderwoche des Jahres 1999, aber auch, dass durch internationale Hilfe die Zwischenfälle durchaus niedrig gehalten werden können, obwohl die Schutztruppen nicht in der Lage sind, einen vollständiger Schutz vor Übergriffen zu gewährleisten.[250]

Der Gesamtstaat Bosnien-Herzegowina besteht aus zwei Teilen: Die muslimisch-kroatische Föderation (FöBuH) und die „Republika Srpska" (RS) sind nun eigenständige Völkerrechtssubjekte geworden und durch Art. I Absatz 5 der Annex 7 zum Abschluss völkerrechtlicher Verträge imstande.[251] Nur dadurch konnte eine Einigung erzielt werden. Die Zentralregierung besitzt nur wenige Verantwortungsbereiche wie zum Beispiel die Außen- und Außenhandelspolitik und die Finanzierung der internationalen Verpflichtungen Bosnien-Herzegowinas, so dass die zwei Teilgebiete durch eine umfassende Regionalisierung von Regierung und Verwaltung weitgehend eigenständig, jedoch nicht souverän sind. Sie werden als so genannte abhängige Staaten betrachtet. Die Teilgebiete besitzen unter anderem aufgrund der eigenen Gesetzgebung ein staatliches Organ, das die Funktion des Staates übernimmt.[252] Die ursprüngliche Staatsgewalt geht von der Zentralregierung aus. In der Verfassung BiHs, der Annex 4, wird die parlamentarische Kontrolle der Regierung durch das „House of Peoples" und das „House of Representatives" ausgeübt. Zwei Drittel der Sitze entfallen auf die FöBuH, ein Drittel auf die RS. Die Präsidentschaft ist dreigeteilt. Auf vier Jahre wird ein Kroate, Serbe und Muslim gewählt. Die Zentralinstitutionen BiHs können jedoch nur funktionieren, wenn alle Kriegsparteien zusammenarbeiten.[253] So entsteht der Eindruck, dass die Verfassung darauf ausgelegt ist, die ethnische Trennung zu festigen und

---

[250] Vgl. Koschnik (Hrsg.): Flüchtlingsberichte 4. Kalenderwoche 1999; Internet, Stand: 16.12.1999.
[251] Vgl. Dörr :Die Vereinbarungen von Dayton/Ohio, in: Archiv des Völkerrechts-Band 35/2, S. 168-177.
[252] Vgl. Redslob: Abhängige Länder; S. 164.
[253] Vgl. Giersch in: Aus Politik und Zeitgeschichte B 29/97; S. 37.

die Institutionen der Regierung zu blockieren.[254] Auch die muslimisch-kroatische Föderation könnte jederzeit zerbrechen.[255] Die herzegowinischen Kroaten besitzen ihre eigene Armee mit Grenzposten zwischen den Linien und einem Zehntel der Sitze im kroatischen Parlament. Nach Kaufmann hätte Bihaæ auch weiterhin vom muslimischen Gebiet abgetrennt sein können, auch wenn noch kleine nationale Minderheiten in den Gebieten verblieben wären. Keine der beiden Parteien hätte einen Vorteil aus dem Aufflammen eines erneuten Konfliktes ziehen können. Kroatien würde kein Gebiet brauchen, dass von den Muslimen gehalten wird, und die Muslime hätten auch durch u.s.-amerikanischen Bewaffnung keinen Angriff wagen können. Dennoch riefen 93 bosnische Organisationen im Juli 1999 am Rande der Balkankonferenz dazu auf, die faktische Aufteilung des Staates zu beenden, um weitere Konflikte zu verhindern.[256]

Während die Volksgruppen aufgrund des Wahlmodus, der von der Organisation für Sicherheit und Zusammenarbeit in Europa (OSZE) vorgeschrieben wird, gezwungen sind, ihre eigenen Abgeordneten zu wählen und diese somit die Interessen ihrer Ethnie auch vertreten müssen, schlägt die International Crisis Group (ICG) vor, einheitliche Wahlzettel mit Vertretern aller Volksgruppen auszugeben, um die Gefahr der Separation zu verhindern und nicht zu bewirken, dass radikale Nationalisten wieder Führungspositionen übernehmen, wie es im September 1998 in der RS mit der von der OSZE überwachten Wahl Poplasens von der Serbischen Radikalen Partei (SRS) zum Präsidenten geschehen ist.[257] Auch in Kroatien erhöhte sich die Zahl ethnisch motivierter Zwischenfälle, so dass sich der UN-Sicherheitsrat sehr besorgt zeigte:

„(...) daß seit Ende 1996 eine große Zahl serbischer Einwohner und Vertriebener aus der Republik Kroatien ausgewandert ist, hauptsächlich wegen fortgesetzter sicherheitsbezogener Zwischenfälle, ethnisch moti-

---

[254] Vgl. Zumach in: Vereinte Nationen 1/1997; S. 11.
[255] Vgl. Kaufmann in: International Security; Vol. 20 No. 4 1996, S. 168.
[256] Vgl. Kraftakt zur Stabilisierung des Balkans; in: Die Welt, 30.07.99, S. 8.
[257] Vgl. Rüb: In Bosnien wird es der Westen künftig noch schwerer haben wie bisher; in: FAZ; 28.09.98, S. 10.

vierter Einschüchterung, der schlimmen Wirtschaftslage, bürokratischer Hürden, diskriminierender Rechtsvorschriften und eines ins Stocken geratenen Rückkehrprogramms. Falls sich dieser Trend fortsetzt, könnte dies ernsthafte nachteilige Auswirkungen auf die Wiederherstellung einer multiethnischen Gesellschaft in der Republik Kroatien haben."[258]
Zur Aufklärung der Kriegsverbrechen arbeitet die kroatische Regierung zwar mit dem Internationalen Gerichtshof in Den Haag zusammen, den sie über die begangenen Kriegsverbrechen informiert, sofern die Täter nicht festgestellt werden können.[259] Jedoch liegt der Schwerpunkt der Ermittlungen auf der Aufklärung der Taten des serbischen „Aggressors". Eigene Kriegsverbrecher bleiben meist unentdeckt.

In sechs Schulen der FöBuH werden Kinder der verschiedenen Ethnien bereits getrennt unterrichtet.[260] Der Bildungsminister Fahruddin Rizvanbegoviæ erklärte, dies geschehe auf den Wunsch der kroatischen Eltern. Die Folgen sind vorhersehbar. In vielen Fällen werden Nichtmuslime in bezug auf Arbeit, Rechts- und Besitztumsangelegenheiten benachteiligt.

Fraglich erscheint im Zusammenhang mit dem Fortbestand des Nationalismus auch die Aussage des amerikanischen Verteidigungsministers Cohen:

„NATO`s recent decision to reduce troop levels in Bosnia by another ten percent is yet another sign that our presence has indeed been a stabilizing influence."[261]
Allein die Schlussformel des Abkommens zeigt längst die weitreichende Trennung der ehemaligen Teilrepublik.[262] Sie ist in bosnischer, kroatischer und serbischer Sprache abgedruckt.

---

[258] Sicherheitsrat - Erklärung des Präsidenten vom 2. Juli 1998; in Vereinte Nationen 5/1998, S. 181.
[259] Vgl. Government of Republic of Croatia (Hrsg.): WHITE PAPER; Internet, Stand: 20.12.1999.
[260] Vgl. Amanpour: Bosnian ethnic separation continues in classrooms; in: CNN (Hrsg.): http://europe.cnn.com/WORLD/9710/16/bosnia/bosnia.htm.
[261] Münchner Konferenz für Sicherheitspolitik (Hrsg.): Rede des U.S.-Verteidigungsministers William S. Cohen bei der XXXV. Münchner Sicherheitskonferenz, München, 1999; S. 4.

„Ich denke, wir hatten in Bosnien eine ethnische Trennung. Ein Ergebnis der Kämpfe ist, daß der größte Teil des ehemaligen Jugoslawien ethnisch homogen ist. Die einzige Lösung, die ich für den Kosovo sehe, ist eine Teilung in einen serbischen und einen albanischen Teil."[263]

Die politische Öffentlichkeit des Westens spricht hingegen nur von einer militärischen Trennung der Konfliktparteien.[264] Klar war man sich allerdings darüber, dass alle Kriegsbeteiligten Jugoslawiens nicht bereit waren, die Forderungen nach einer Rückkehr der Flüchtlinge an ihren Ursprungsort umzusetzen. Dies zeigt gerade die restriktive Durchsetzung des Dayton-Abkommens durch die IFOR.[265] 1998 bezeichnete die NATO den Balkan immer noch als Krisendreieck, das sich von Bosnien über Albanien bis in den Kosovo erstrecken würde.[266]

Ein neuer Lösungsansatz muss gefunden werden. Die serbische Minderheit in Kroatien ist gespalten.[267] Moderate Intellektuelle in den Städten bauen keinerlei Verbindungen zur Landbevölkerung der Krajina auf, um sie politisch zu beeinflussen, obwohl sie eine eigene Identität aufgebaut haben, die eine wichtige Voraussetzung zur politischen Beteiligung in Serbien und Kroatien bildet. Die jetzige Situation der serbischen Bevölkerung ist durch verschiedene Formen der Diskriminierung sehr schlecht. Viele kroatische Serben sind gezwungen, ihre Identität preiszugeben, um ihren Arbeitsplatz zu behalten. Der Austausch der Identität ist sehr einfach, da lediglich die kyrillische Schrift aufgegeben werden muss. Die Verbundenheit mit der orthodoxen Kirche ist durch die jahrzehntelange Säkularisation in Ex-Jugoslawien nicht sonderlich groß. Obwohl dieser Prozess noch auf absehbare Zeit fortgeführt wird, sollte das eigentliche Ziel eher eine Personalautonomie der Serben sein, die ihre individuellen Menschenrechte und

---

[262] Vgl. Dörr: Die Vereinbarungen von Dayton/Ohio; in: Archiv des Völkerrechts-Band 35/2, S. 145.
[263] Interview mit Samuel P. Huntington in: FOCUS 19/1999; S. 160.
[264] Vgl. BPA (Hrsg.): Jahresbericht der Bundesregierung 1996; S. 55.
[265] Vgl. Stratmann in: IFDT, 12/1996, S. 6 f.
[266] Vgl. Feldmeyer: Die Nato vor dem ersten Schritt in einem aus drei Teilen bestehenden Mobilisierungsprozeß; in: FAZ; 24.09.98, S. 2.
[267] Vgl. Makarenko in: Project on Ethnic Relations (Hrsg.): Interethnic relations in Serbia/Yugoslavia; Internet, Stand: 16.12.1999.

ihre Beteiligung am politischen Prozess in Kroatien berücksichtigen. Dazu müssen die Serben Kroatien als ihren Staat und die Staatsregierung sie im Gegenzug als Minderheit mit eigenen politischen Rechten anerkennen, wie es bis 1990 durch die Zusammenarbeit mit dem kroatischen Parlament in ethnischen Fragen wie Bildung, Sprache und Kultur geschehen ist. Diese demokratischen Kräfte könnten anschließend die Bildung eines neuen Serbiens durch ihre Erfahrungen unterstützen.

4.3. Fazit

Mit dem Abkommen von Dayton 1995 wurde die existierende territoriale Teilung trotz der Bewahrung der Einheit Bosniens bekräftigt und erstmals ein relativ stabiler Frieden geschaffen.[268] Muslime und Kroaten bilden zwar eine Föderation, hindern jedoch auch Mitglieder der anderen Volksgruppe daran, in ihrer angestammten Heimat wieder zu siedeln. Die Zentralregierung in Sarajevo ist ein Abbild des ehemaligen jugoslawischen Vielvölkerstaates, der ebenfalls auseinander fiel. Demnach ist es fraglich, ob Kaufmann mit seiner Behauptung, dass eine Befriedung keine Souveränität voraussetzt, recht behält.

Somit sind die Probleme durch die Umsiedlung der Volksgruppen nicht gelöst, sondern lediglich geographisch und gesellschaftlich verschoben worden.[269]

Die Schaffung ethnisch reiner Gebiete wurde geduldet, da die Voraussetzung zu einer legitimen Separation lautet:

„The existence of a distinct, self-defined community or society within a state, compactly inhabiting a region which overwhelmingly supports separatism."[270]

Zudem wurde von der internationalen Gemeinschaft lediglich die Politik der Schadensbegrenzung praktiziert und nur auf Fluchtbewegungen rea-

---

[268] Vgl. Kaufmann in: International Security; Vol. 20 No. 4 1996, S. 167.
[269] Vgl. Veiter: Nationalitätenkonflikt und Volksgruppenrecht im ausgehenden 20. Jhdt.; S. 193.
[270] Heraclides in: Journal of International Affairs; 1992, S. 41.

giert und nicht im Vorfeld agiert.[271] Wichtiger wäre es jedoch gewesen, aktiv Prävention zu betreiben und die Staaten auf die Verantwortung für ihre Bevölkerung vehement hinzuweisen. Präventive Diplomatie und kollektive Friedenssicherung sind heutzutage die Schlagworte zur Krisenprävention. Lange Zeit wurde dem Balkan keine Beachtung geschenkt, so dass eine frühzeitige und effektive Errichtung von Schutzzonen für die Bevölkerung nicht möglich war. Die Verursachung von Fluchtbewegungen im Jugoslawienkonflikt wurde zwar eindeutig als Verbrechen gegen die Menschlichkeit bezeichnet, auf effektive Maßnahmen konnte man sich jedoch erst viel zu spät einigen.

4.4. Eigendynamik der ethnischen Trennung im Kosovo

Voraussetzung für eine friedliche Beilegung ist ein gleichberechtigtes Nebeneinander der Ethnien.[272] Eine Einigung ist deshalb nur beständig, wenn sich gleichstarke Kräfte gegenüberstehen. Sollte dies jedoch schon der Fall sein, ist eine humanitäre Intervention nicht mehr erforderlich sein, da beide Gegner sich selbst verteidigen können. Wenn dies aber nicht der Fall ist, werden sich die hypernationalistischen Gegner nicht an einen Tisch setzen, um sich die Macht zu teilen. Eine „Balance of Power" lässt sich herstellen durch die Bewaffnung der schwächeren Seite in Verbindung mit einer Blockade der stärkeren oder eine direkte Entwaffnung der stärkeren durch eine militärische Intervention. Dies kann zwar zunächst eine Verschärfung der Gewalt von beiden Seiten bedeuten. Am Ende muss jedoch ein Kräftegleichgewicht hergestellt worden sein, so dass beide Gegner die Sinnlosigkeit der Fortsetzung des Krieges erkennen. Erst dann kann eine Gewaltenteilung von internationaler Seite auferlegt werden, die durch die Implementierung einer militärischen Streitmacht abgesichert wird.

Die Herstellung einer „Balance of Power" war im Kosovo zunächst nicht möglich, da eine Bewaffnung der „Ushtria Çlirimtare e Kosovës" (UÇK)

---

[271] Vgl. Achermann: Die völkerrechtliche Verantwortlichkeit fluchtverursachender Staaten; S. 104 f, 142 f.
[272] Vgl. Kaufmann in: International Security; Vol. 20 No. 4 1996, S. 156 f.

durch die NATO abgelehnt wurde.[273] Die Untergrundarmee der Kosovo-Albaner konnte den 40 000 Soldaten der jugoslawischen Armee, mit 300 Panzern und 700 Artilleriegeschützen unterstützt von 10 000 Spezialpolizisten jedoch nur ca. 12 000 leicht bewaffnete Kämpfer entgegenstellen.[274] Die Mitte der 1990er Jahre aus vielen Splittergruppen entstandene UÇK war erst nach schweren Verbrechen der Serben 1998 von maximal 2 000 auf diese Zahl angewachsen.[275] Neben der unzureichenden Bewaffnung und Ausbildung der Soldaten besaß sie auch keine geordnete Kommandostruktur, so dass sie hohe Verluste hinnehmen musste. Nur durch die klassische Guerillataktik war es ihr möglich, vereinzelt serbische Truppenteile zu binden, ohne selbst viele Opfer zu beklagen. Die regionalen Kommandanten der 156 „Brigaden", die keineswegs die Größe einer herkömmlichen Brigade erreichten, verfolgten zudem unterschiedliche politische Ziele, die von der Befreiung des Kosovos bis zur Angliederung an Albanien reichten. Trotz all dieser Mängel kann die UÇK dennoch gemäß Art. 1 des Haager Abkommens von 1907 durch das offene Tragen von Waffen und weithin sichtbaren Abzeichen unter dem Begriff eines regulären Heeres gefasst werden.[276]

Nach Aufflammen der Kämpfe zwischen serbischen und kosovarischen Truppen wurde Serbien zunächst durch den UN-Sicherheitsrat in mehreren Resolutionen sowie der Verhängung eines Waffenembargos im März 1998 aufgefordert, die humanitäre Tragödie im Kosovo zu beenden. Zwar hatten sich die serbischen Kräfte nach der Androhung von Luftschlägen durch die Resolution 1199 des UN-Sicherheitsrates zurückgezogen, doch die kosovarische Befreiungsarmee beanspruchte zunehmend hoheitliche Befugnisse für ihre Heimatgebiete - eine Eskalation war vorprogrammiert.[277] Die

---

[273] Vgl. Interview mit Rudolf Scharping; in: DER SPIEGEL 17/1999, S. 27.

[274] Vgl. Weißer Adler, schwarze Hand; in: DER SPIEGEL 16/1999, S. 26.

[275] Vgl. Reuter in: Blätter für deutsche und internationale Politik; März/1999, S. 281-285.

[276] Randelzhofer: Völkerrechtliche Verträge, S. 708 f.

[277] Vgl. BMVg (Hrsg.): Hintergrundinformationen zum Einsatz der internationalen Staatengemeinschaft im Kosovo und der Beteiligung der Bundeswehr; S. 9.

angedrohte militärische Sanktionsmaßnahme wurde zwar näher forciert.[278] Doch schon zu diesem Zeitpunkt stand fest, dass die NATO keinesfalls in sich geschlossen auftrat - Griechenland lehnte die Eskalation ab. Auch hatte sie mit dem Veto Chinas und Russlands im UN-Sicherheitsrat zu rechnen.[279] Der US-Sonderbeauftragte Richard Holbrooke konnte zwar in den Verhandlungen mit Belgrad im August 1998 die Unterzeichnung für eine Kosovo-Verifikationsmission (KVM) der OSZE erreichen, deren 2 000 Mitarbeiter die humanitären Organisationen unterstützen, freie Wahlen überwachen und die Flüchtlingsrückkehr ermöglichen sollten, doch wurde dieses Abkommen von serbischer Seite immer wieder verletzt, wie die Ergebnisse der Luftüberwachung der NATO Kosovo Air Verification Mission ergaben.[280]

Zur diplomatischen Lösung sollte Serbien am 23. Februar 1999 ein „vorläufiges Abkommen für Frieden und Selbstverwaltung im Kosovo" im französischen Rambouillet unterzeichnen.[281] Während die Vertreter der Kosovo-Albaner unterzeichneten, verweigerte Belgrad die Unterschrift. Der albanischen Volksgruppe war in diesem Papier Gleichberechtigung und Selbstverwaltung sowie ein Ende von Unterdrückung und Vertreibung zugesagt worden. Im Gegensatz zum Daytoner Abkommen wäre die Zuständigkeit in der Finanz-, Außen- und Verteidigungspolitik bei der Bundesrepublik Jugoslawien geblieben. Eine gesetzgebende Versammlung, die nach ähnlichen ethnischen Gesichtspunkten wie in Bosnien aufgeteilt war, sollte der unabhängigen Provinz eine neue Verfassung geben. Die Diskriminierung der Volksgruppen wäre aufgehoben worden:

„4. Die zusätzlichen Rechte der Volksgruppen, ausgeübt durch deren
   demokratisch gewählte Institutionen, bestehen darin:
   (a) ihre nationalen, kulturellen, religiösen und sprachlichen Identitäten
   zu bewahren und zu beschützen; (...)

[278] Vgl. Hoppe in: Außenpolitik 1/98, S. 46.
[279] Vgl. Feldmeyer: Die Nato vor dem ersten Schritt in einem aus drei Teilen bestehenden Mobilisierungsprozeß; in: FAZ; 24.09.98, S. 2.
[280] Vgl. BMVg (Hrsg.): Auftrag Frieden; CD-ROM, Stichwort: Hintergrundinformationen Kosovo.
[281] Vgl. Blätter für deutsche und internationale Politik; Mai/99, S. 611-515.

(b) garantierten Zugang zu und Repräsentation in den öffentlichen Rundfunk- und Fernsehmedien, einschließlich der Bereitstellung von separaten Programmen in den betreffenden Sprachen unter der Leitung derjenigen Personen, die von der jeweiligen Volksgruppe auf einer fairen und gleichen Basis nominiert wurden, zu halten, und

(c) ihre Aktivitäten durch die Erhebung von Beiträgen zu finanzieren, welche die Volksgruppen durch Beschluß den Mitgliedern ihrer eigenen Gruppe auferlegen können;"[282]

Die OSZE sollte die Durchführung von freien Wahlen und die Implementierung einer internationalen Streitmacht überwachen.[283] Ebenso war eine Entmilitarisierung des Kosovo vorgesehen. Die Regelung Anhang B Nummer 8 lehnte Serbien jedoch strikt unter dem Hinweis des Bruches jeglicher Bestimmungen des Völkerrechts in bezug auf die Souveränität eines Staates ab, die dadurch in einem nicht unerheblichem Maß eingeschränkt gewesen wäre:

„Das NATO-Personal wird, zusammen mit seinen Fahrzeugen, Schiffen, Flugzeugen und Ausrüstungsgegenständen, in der gesamten Bundesrepublik Jugoslawien freien und ungehinderten Zugang genießen, unter Einschluß ihres Luftraumes und ihrer Territorialgewässer."[284]

Die Einschränkung der Souveränität Serbiens war für Miloševiænicht hinnehmbar, da man zudem die Ereignisse im Kosovo als innere Angelegenheit ansah, die keinen Anlass für eine Friedensaktion bilden würden:[285]

„Die einzig richtige Entscheidung war, fremde Truppen auf unserem Territorium nicht zuzulassen."[286]

Zudem forderte Serbien eine stärkere Verankerung des Kosovo in ihrer Verfassung, da die Kosovo-Albaner in allem selbst bestimmen könnten und das Mutterland keinen Einfluss mehr auf ihre Provinz hätte.[287] Das Abkommen wurde quasi als Diktat der Westmächte unter der Führung der Vereinigten Staaten von Amerika gesehen und mit dem Münchner Ab-

---

[282] Blätter für deutsche und internationale Politik; Mai/99, S. 515.
[283] Vgl. in: Blätter für deutsche und internationale Politik; Mai/99, S. 616-624.
[284] Blätter für deutsche und internationale Politik; Mai/99, S. 627.
[285] Vgl. Hoppe in: Außenpolitik 1/98, S. 46.
[286] Miloševiæin: Alle Serben im Krieg; DER SPIEGEL 13/1999, S. 194.

kommen verglichen, dass Hitler unter militärischem Druck der Tschechoslowakei (ÈSR) 1938 aufgezwungen hatte, da man nur einseitig mit den
ebenfalls vor Gewalttaten nicht zurückschreckenden Vertretern der albanischen Bevölkerungsgruppe verhandelt hätte.[288] Serbien befände sich in der
Lage der Weimarer Republik im Jahre 1928, die ebenfalls unter keinen
Umständen auf Ostpreußen verzichtet hätte.[289]

Die Teilung des Kosovo war von serbischer Seite bei den Verhandlungen
von Rambouillet durchaus erwogen worden.[290] Serbien hätte sich dabei mit
30 Prozent des kosovarischen Territoriums im Norden und Westen zufrie-
dengegeben, so dass den Albanern die muslimischen Hochburgen von
Prizren, Djakovica und Mitrovica geblieben wären. In einem weiteren
Schritt wollten sie dann die bosnische Serbenrepublik mit dem Mutterland
vereinigen, um alle Serben in einem Staat zusammenschließen zu können.
Fraglich wäre bei diesem Vorschlag jedoch gewesen, ob sich UNO, EU
und USA auf den Vorschlag eingelassen hätten, einen weiteren Kleinstaat
auf dem Balkan zuzulassen und einer Zerschlagung des von ihnen bevor-
zugten bosnischen Staates zuzustimmen. Äußerte doch US-Präsident
Clinton noch:

„Wir wollen keine neuen Kleinstaaten auf dem Balkan; es geht uns
nicht um neue Grenzziehungen, sondern um den Abbau bestehender
Grenzen."[291]

Sicher wäre die Forderung der Kosovo-Albaner nach einem eigenständigen
Staat berechtigt - wo alle Völker Südosteuropas ihre Unabhängigkeit er-
langt haben - jedoch zu diesem Zeitpunkt nicht realisierbar, da dies große
Bevölkerungsumsiedlungen zur Folge gehabt hätte.[292] Ebenso hätten dann
zum Beispiel die Griechen in Südalbanien diese Forderung aufgestellt.

---

[287] Vgl. Reljic in: Blätter für deutsche und internationale Politik; März/1999, S. 285-288.
[288] Vgl. Interview mit dem Vertreter des UN-Generalsekretärs, Eric Suy; in: FOCUS 13/1999.
[289] Vgl. Augstein: Ein Krieg ohne Zufall?; in: DER SPIEGEL 13/1999, S. 24.
[290] Vgl. Herrin der Hetze; in: DER SPIEGEL 16/1999, S. 194.
[291] Herrin der Hetze; in: DER SPIEGEL 16/1999, S. 194.
[292] Vgl. Manousakis in: Europäische Sicherheit 1/94, S. 22.

Angesichts des gespannten Verhältnisses zwischen Griechenland und der Türkei hätte dies zu einem weiteren Balkankrieg gipfeln können.

Zu dieser Zeit war jedoch schon von serbischer Seite die Operation „Potkova" (Hufeisen) zur ethnischen Säuberung des Kosovo geplant worden.[293] Ziel war die systematische Zerschlagung der UÇK. In einem hufeisenförmigen Angriff sollte die albanische Volksgruppe in Richtung Mazedonien und Albanien vertrieben werden. Im Januar 1999 wurden die serbischen Truppen an der Grenze zur Provinz stationiert, die im Februar zusammen mit Paramilitärs einmarschierten. Schon im März befanden sich mehr als 500 000 Menschen auf der Flucht.[294] Das Prinzip entsprach dem in Bosnien: Dörfer wurden umstellt, die Bevölkerung vertrieben, die Häuser zerstört und alle Papiere, die eine Rückkehr hätten möglich erscheinen lassen, verbrannt.[295] Ein Schwerpunkt wurde ebenso auf die Ausschaltung der politischen und intellektuellen Führungsschicht gelegt.[296] Jede dieser Maßnahmen stellte eine Verletzung des II. Protokolls zum Genfer Abkommen von 1977 sowie weiterer völkerrechtlicher Verträge dar.[297]

„Wenn man von der reinen Deklamation der Menschenrechte abgeht und die Verhältnisse auch tatsächlich zu ändern versucht, dann mußte es irgendwann einmal zu einer Intervention wie jetzt im Kosovo kommen."[298]

Ebenfalls zwang der Beschuss von OSZE-Beobachtern zum Handeln.[299] Der daraus resultierende Luftangriff im März 1999 mit zunächst rund 400, später sogar über 1000 NATO-Flugzeugen auf Serbien ist ein Einschnitt in die Geschichte des westlichen Verteidigungsbündnisses.[300] Nicht nur, dass zum ersten Mal ein souveränes Land angegriffen wurde, um einen Bürgerkrieg einzudämmen, er ist auch der erste ohne Mandat des UN-Sicherheits-

---

[293] Vgl. Weißer Adler, schwarze Hand; in: DER SPIEGEL 16/1999, S. 26.

[294] Vgl. Interview mit Rudolf Scharping; in: DER SPIEGEL 17/1999, S. 27.

[295] Vgl. Danner in: Haviv (Hrsg.): Ethnic cleansing; Internet, Stand: 14.01.2000.

[296] Vgl. Das Gespenst von Vietnam; in: DER SPIEGEL 14/1999, S. 150.

[297] Vgl. Randelzhofer: Völkerrechtliche Verträge, S. 784 ff., 790 f.

[298] Interview mit Bundespräsident Roman Herzog; in: FOCUS 19/1999, S. 53.

[299] Vgl. Vereinte Nationen 1/1999; S. 33.

[300] Vgl. FOCUS 13/1999; S. 29 f.

rates. Russland und China hatten es verhindert. Kontroverse Ansichten herrschten über die Rechtmäßigkeit des Einsatzes. Der Präsident des Instituts des Chinesischen Volkes für Auswärtige Angelegenheiten, Mei Zhaorong, sprach sich für die uneingeschränkte Einhaltung der UN-Charta und ein Respektieren der Souveränität der Staaten aus.[301] Rußland fürchtete die aggressive Haltung der NATO und forderte eine Rückkehr zu Verhandlungen.[302] Das Bündnis habe durch die Stationierung von Truppen und die Aufrüstung der serbischen Nachbarstaaten Bosnien und Kroatien einen neuen Imperialismus praktiziert. Russland strebte jedoch selbst eine Hegemonie auf dem Balkan durch den Abschluss eines Grundlagenabkommens zur militärischen Zusammenarbeit mit Serbien an.[303] Ohne Kompromisse werde der Spielraum für zufriedenstellende Lösungen eingeengt, so argumentierte Jelzin.[304] Führende Wissenschaftler und Politiker schlossen sich seiner Argumentation an: Die Bombenangriffe seien eine schwere Verletzung des Völkerrechts, da man nicht in einen souveränen Staat aus humanitären Gründen mit einem Angriffskrieg eingreifen könne.[305] Ebenso wurden die NATO-Bombardements im Sinne der militärischen Eskalationslogik als Destabilisierung der Nachbarstaaten bezeichnet.[306] Dies galt vor allem für Mazedonien, dessen Infrastruktur unter dem Flüchtlingsstrom zusammenzubrechen drohte.

„Wenn sich die Kosovo-Albaner abspalten, kommt es zu einem neuen Balkankrieg."[307]

---

[301] Münchner Konferenz für Sicherheitspolitik (Hrsg.): Rede des Präsidenten des Instituts des Chinesischen Volkes für Auswärtige Angelegenheiten, Mei Zhaorong, bei der XXXV. Münchner Sicherheitskonferenz, München, 1999; S. 6.

[302] Vgl. Alle Serben im Krieg; in: DER SPIEGEL 13/1999, S. 210.

[303] Vgl. Hoppe in: Außenpolitik 1/98; S. 45, 50 f.

[304] Vgl. Interview mit dem russischen Präsidenten Boris Jelzin; in: DER SPIEGEL 25/1999, S. 176

[305] Vgl. Interview mit Verfassungsrechtler Erhard Denninger; in: DER SPIEGEL 13/1999, S. 222.

[306] Vgl. Debiel in: Blätter für deutsche und internationale Politik; Mai/1999, S. 539.

[307] Interview mit dem Präsidenten von Mazedonien KiroGligorov; in: Alle Serben im Krieg; DER SPIEGEL 13/1999, S. 196.

Zwar würde Serbien militärisch geschwächt, doch Miloševiæpolitisch gestärkt, da er den Druck auf Oppositionelle in der eigenen Bevölkerung angesichts des Krieges erhöhen könne.[308] Durch die Unterstützung der radikalen UÇK wäre der gemäßigte Albanerführer Rugova demontiert worden.
Geschickt nutzte Miloševiædann auch die Luftangriffe der NATO, um die
Operation „Hufeisen" zur ethnischen Säuberung des Kosovo durchzuführen, den Terror gegen die Zivilbevölkerung zu erhöhen und die internationale Gemeinschaft somit vor vollendete Tatsachen stellen zu können.[309]

„Der NATO-Angriff ist der Abschied von der etablierten Friedensord-
nung nach dem Zweiten Weltkrieg. Die Vereinten Nationen waren während des Kalten Krieges durch das jeweilige Veto der Blöcke systematisch blockiert. Am Ende des Ost-West-Konfliktes waren sie funktions-
fähig. Jetzt sind sie ausgeschaltet. Die USA sagen, wo es langgeht."[310]

Dadurch würde ein Präzedenzfall geschaffen, der es der internationalen
Gemeinschaft erlaube, auch in anderen Regionen, z.B. im Kaukasus, in
Kurdistan oder im Sudan, zu intervenieren.

Eine Rechtfertigung erfolgte neben dem Hinweis auf die UN-Resolution
1199 vom 23. September 1998, in der die UNO um humanitäre Unterstützung durch die Mitgliedstaaten bittet und Luftschläge androht.[311] Auch
über den Grundsatz der Nothilfe[312] und des gesetzlichen Notstandes zu
Gunsten Dritter versuchte man den Einsatz zu legitimieren.[313]

„Wir führen keinen Angriffskrieg, wir versuchen, ein diktatorisches Regime, das Menschenrechte mit Füßen tritt, zur Vernunft zu bringen.(...)
Der Einsatz in Jugoslawien ist kein Präzedenzfall, auf den man sich immer wieder berufen kann. Aber es gibt doch bestimmte Grenzen, die
man nicht überschreiten darf in diesem Europa, wenn wir Stabilität und

---

[308] Vgl. Debiel in: Blätter für deutsche und internationale Politik; Mai/1999, S. 541-
545.
[309] Vgl. Alle Serben im Krieg; DER SPIEGEL 13/1999, S. 203.
[310] Interview mit dem wissenschaftlichen Direktor an der Führungsakademie der Bundeswehr in Hamburg, Wolfgang R. Vogt; in: STERN 14/99, S. 58.
[311] Vgl. Resolution 1199 (1998); in: Vereinte Nationen 5/1998, S. 184 f.
[312] Vgl. Klose: Zum Kosovo-Konflikt; Privater Briefwechsel vom 22.04.1999.
[313] Vgl. Fibich: Auslandseinsätze der Bundeswehr; in: ZRP 1/1993, S. 6.

Frieden wollen. Hier führt ein Mann seit 1991 einen Krieg nach dem anderen."[314]

Der UN-Generalsekretär, Kofi Annan, verurteilte den Angriff zwar unter dem Hinweis auf Kapitel VII der UNC, fand jedoch auch Worte der Rechtfertigung:

> „Es ist wahrhaft tragisch, daß die Diplomatie versagt hat, aber es gibt Zeiten, wo die Anwendung von Gewalt zur Erreichung des Friedens gerechtfertigt sein kann."[315]

Ohne politischen Willen, die UNO als Instrumentarium zur Friedenssicherung einzusetzen und der Bereitschaft zum Interessenausgleich zur einstimmigen Beschlussfassung, ist die Organisation nicht in der Lage Konflikte wirksam zu befrieden.[316] Dass dieser nicht vorhanden ist, zeigen auch die Beratungen zur Wiener Menschenrechtskonferenz 1993, bei der die Thematik der „humanitären Intervention", die gerade in Fall Jugoslawien zunehmend an Bedeutung gewonnen hatte, ausgespart wurde. Begründet wird die Ablehnung dieser Möglichkeit zur Konfliktlösung vornehmlich mit falsch verstandener Menschlichkeit gerade angesichts der Flüchtlingsströme im Kosovo.

> „Unterdrückte Völker strecken die Arme nach uns aus. Die Menschlichkeit befiehlt uns, die Mörder zurückzuschlagen, doch die Politik zwingt uns, Zuschauer zu bleiben. Die Moralisten machen uns Vorwürfe, aber unsere schlecht berechnete Menschlichkeit wäre grausamer als unsere wohlüberlegte Unmenschlichkeit."[317]

Während des Balkankrieges war die amerikanische Politik von Anfang an schwammig - die NATO-Mitgliedstaaten wurden immer tiefer verstrickt.[318] Dies sei der Beginn eines neuen „Carterismus", der Außenpolitik von 1977

---

[314] Interview mit Klaus Naumann, Vorsitzender des NATO-Militärausschusses; in: STERN 14/99, S. 56.

[315] Pressemitteilungen Nr. 157; in: UNIC (Hrsg.): UNO; Internet, Stand:16.12.1999.

[316] Vgl. Unser: Die UNO; S. 333, 342.

[317] Jean Baptiste Cloots Ende des 18. Jhdt; zitiert nach: DER SPIEGEL 17/1999, S. 34.

[318] Vgl. Benoist: Das Spiel der USA; in: Junge Freiheit; 12/99, S. 2.

86

bis 1981 des US-Präsidenten James Earl Carter, der die Einhaltung der Menschenrechte in den Mittelpunkt stellte.[319] Eine Folge des Mottos:

„Jetzt muß jeder, der handeln kann, auf seine Art tätig werden: Mischt euch ein."[320]

unter dem dieser Krieg unter anderem stand, wird sein, dass Serben und Kosovo-Albaner künftig nicht mehr zusammenleben können und die Schaffung eines NATO-Protektorates die einzige Lösung war. Augstein sieht darin den Ruin des Balkans.[321]

„(...) die Bomben haben eine Atmosphäre erzeugt, in der Haß mit all seinen fürchterlichen Folgen gedeiht."[322]

In Deutschland lehnte die Bevölkerung jedoch die Angriffe weitgehend ab. So befürworteten die Luftschläge der NATO noch 41 Prozent der Deutschen, während sich nur 17 Prozent für eine Intervention mit Bodentruppen aussprachen.[323] Bundeskanzler Gerhard Schröder betonte zwar auf der Münchner Konferenz für Sicherheitspolitik, dass ein Eingriff mit Waffengewalt zur Verhinderung humanitärer Katastrophen notwendig sei, da die Sicherheitsrisiken nicht mehr vor den Grenzen der Nationalstaaten Halt machen würden.[324] Entscheidender ist jedoch, dass nur 44 Prozent der Deutschen es überhaupt gerechtfertigt fanden, aufgrund der humanitären Lage gegen ein autoritäres Regime zu intervenieren.[325] Der Einsatz der Bundeswehr in bewaffneten Konflikten setzt im Einzelfall zudem die Zustimmung des Parlamentes voraus.[326] Ohne einen breiten Rückhalt in Parlament und Bevölkerung wird jedoch keine westliche Demokratie einem massiven Einsatz von Bodentruppen zustimmen.

---

[319] Vgl. Schiessl: Politik der Predigten; in: DER SPIEGEL 21/1999, S. 122.

[320] Kopelew ruft zum Einmischen auf; in: FAZ, 21.07.1995, S. 2.

[321] Vgl. Augstein, Rudolf: Rückfall in die Steinzeit; in: DER SPIEGEL 15/1999, S. 26.

[322] Interview mit Vuk Draskovic - kurz nach seiner Entlassung als jugoslawischer Vizepremierminister aufgrund von seinen kritischen Äußerungen über das Belgrader Regime; in: DER SPIEGEL 18/1999, S. 158.

[323] Vgl. DER SPIEGEL 16/1999; S. 200.

[324] Vgl. BPA (Hrsg.): Rede des Bundeskanzlers Gerhard Schröder bei der XXXV. Münchner Sicherheitskonferenz; Bonn, 1999, S. 4 f.

[325] Vgl. DER STERN 14/99; S. 52.

[326] Vgl. Rechenberg: Die aktuelle Gerichtsentscheidung; S. 4.

Nach dem Beginn des NATO-Luftschlages verschärfte sich jedoch die Situation zusehends. Hunderttausende waren auf der Flucht vor den immer härter vorgehenden serbischen Paramilitärs.[327] In Europa zeichnete sich die größte humanitäre Katastrophe seit dem Ende des Zweiten Weltkrieges ab. Albanerführer Rugova verglich die Taktik mit der alten Militärdoktrin Titos:

„Beim ersten Angriff den Kopf einziehen, dann die Streitkräfte konsolidieren und zurückschlagen. Jetzt beginnt der Guerillakrieg der Armee. Vorrangiges Ziel ist die Vertreibung der Albaner aus dem Kosovo."[328]

Bis dato waren noch keine Pläne für einen Bodeneinsatz ausgearbeitet worden.[329] Erst jetzt wurde trotz der allgemeinen Ablehnung die Möglichkeit erwogen, da man feststellen musste, dass der Terror gegen die Zivilbevölkerung durch die Bombardements noch intensiviert wurde und man beim Angriff von serbischen Bodentruppen durch Kollateralschäden zunehmend Zivilisten traf. Der Oberbefehlshaber der NATO-Truppen, Wesley Clark, musste feststellen, dass die Luftschläge Vertreibungen nicht verhindern konnten.[330] Ebenso forderten die Kosovo-Albaner einen Einmarsch zu ihrem eigenen Schutz.[331] Schon im März 1998 hatten Militärs die Besetzung des Kosovo gefordert.[332] Neben der Bildung von Enklaven durch Luftlandeeinheiten war auch die Besetzung Serbiens im Gespräch. Ein solcher Einsatz, bei dem aus Bosnien abgezogene Schutztruppen die Speerspitze bilden sollten, hätte jedoch einer langen Mobilisierungsphase bedurft. Zwischen 300 000 und 600 000 Mann sollten einmarschieren, während 30 000 Soldaten in den Nachbarstaaten warteten, die für einen weitgehend friedlichen Einmarsch gerüstet waren.[333] Diese Zahl hätte auch

[327] Vgl. Weltweite Hilfe für die Flüchtlinge; in: FOCUS 18/1999, S. 35.
[328] Interview mit Ibrahim Rugova; in: DER SPIEGEL 14/1999, S. 156.
[329] Vgl. Augstein: Ein Krieg ohne Zufall?; in: DER SPIEGEL 13/1999, S. 24.
[330] Vgl. Alle Serben im Krieg; in: DER SPIEGEL 13/1999, S. 203.
[331] Vgl. Interview mit Ibrahim Rugova in: DER SPIEGEL 14/1999, S. 156.
[332] Vgl. Rühl: Operation Leopardenfell?; in: FAZ 15.04.1998, S. 15.
[333] Vgl. Blätter für deutsche und internationale Politik; März/1999, S. 389.

ungefähr der während des Zweiten Weltkrieges eingesetzten deutschen Truppen auf dem Balkan entsprochen.[334]

Neues Völkerrecht wird durch die internationale Praxis geschrieben.[335] Künftig könnte es rechtmäßig sein, in souveräne Staaten aus Gründen eines militärischen Humanismus zu intervenieren.[336] Ein Mandat des UN-Sicherheitsrates wird jedoch weiterhin als Bedingung vorausgesetzt werden, so dass der NATO-Einsatz in dieser Hinsicht wohl eine Ausnahme bildet.

„Doch es muß der Staatengemeinschaft in Übereinstimmung mit den Regeln des Völkerrechts auch möglich sein, in den Fällen zu handeln, in denen keine Einigung im Sicherheitsrat über ein Mandat erzielt werden kann. (...) Wir müssen deshalb unsere Bemühungen um einen verbesserten Menschenrechtsschutz, um die Fortentwicklung des humanitären Völkerrechts und um die Ausweitung der Streitbeilegung durch internationale Schiedsgerichte fortsetzen. Aber wir müssen im Notfall - bei einer Selbstblockade des Sicherheitsrates - auch dazu bereit sein, ohne ein Mandat der Vereinten Nationen einzugreifen, wenn wir uns - etwa in einer humanitären Ausnahmesituation - im Einklang mit dem Völkerrecht befinden."[337]

Das Ziel des Angriffes, Miloševiæ an den Verhandlungstisch zurück zu bomben, konnte nach 72 Tagen und durch den Abwurf von 21 000 Tonnen Bomben erreicht werden.[338] Erst im April 1999 einigte man sich auf einen Kosovo-Friedensplan, den so genannten „Fischerplan" von Bundesaußenminister Joschka Fischer, der einen sofortigen Abzug der serbischen Kräfte unter dem Nachrücken der internationalen Streitkräfte vorsah.[339] Nach Ende des Luftkrieges und dem Truppeneinmarsch der Kosovo Force (KFOR) konnte zwar der Abzug der serbischen Truppen gesichert und die Entwaff-

---

[334] Vgl. Jacobsen: Der Zweite Weltkrieg in Chronik und Dokumenten; S. 29.
[335] Vgl. Interview mit Verfassungsrechtler Erhard Denninger; in: Spiegel 13/1999, S. 222.
[336] Vgl. Soziologe Ulrich Beck in: DER SPIEGEL 17/1999, S. 32.
[337] Büro Dr. Schäuble (Hrsg.): Rede des Vorsitzenden der CDU/CSU-Fraktion im Deutschen Bundestag, Dr. Wolfgang Schäuble, bei der XXXV. Münchner Sicherheitskonferenz; Bonn, 1999, S. 11 f.
[338] Vgl. Fast nur noch Sieger; in: FOCUS 23/1999, S. 19.
[339] Vgl. Der Fischerplan; in: FAZ, 15.04.99, S. 2.

nung der UÇK durchführt, doch noch keine politische Lösung für das Kosovo gefunden werden.[340] Einige forderten den Verbleib der Provinz im serbischen Staat und ein multiethnisches Zusammenleben, andere die Rückkehr der Flüchtlinge sowie ein Selbstbestimmungsrecht der Kosovo-Albaner mit einer Korridorlösung für die verbliebenen Serben.[341] Abgelehnt wird hingegen die Gründung eines selbständigen Staates, da er auf Dauer ökonomisch und politisch nicht lebensfähig erscheint sowie die Minderheitenprobleme auf dem Balkan zudem noch mehr verschärfen würde.[342]

Das deutsche Kontingent der 50 000 Mann starken KFOR-Truppen berichtete zunächst zwar, dass in ihrem Sektor der Hass sehr persönlich sei und nur diejenigen fliehen würden, die sich im Krieg schuldig gemacht hätten.[343] Doch schon kurze Zeit später flüchtete die Hälfte der serbischen Bevölkerungsgruppe (ca. 50 000 Menschen) aus Angst vor albanischen Vergeltungsmaßnahmen.[344] Obwohl die Kosovaren Jahre zuvor der Blutrache abgeschworen hatten, wurde sie jetzt wieder praktiziert.[345] Aber auch andere Ethnien wichen der wachsenden Gewaltbereitschaft der Kosovaren, die nun mit ähnlicher Systematik wie die serbischen Truppen vorgingen.[346] So waren Ende Juli 1999 nach Angaben des Flüchtlingskommissariats trotz der Behinderung an der Einreise nach Serbien durch Miloševię der seine Macht zu sichern versuchte, von 200 000 Nichtalbanern bereits 172 000 geflohen.[347] Der Anspruch an die internationale Truppe nach dem

---

[340] Vgl. Interview mit Bundesaußenminister Joschka Fischer; in: DER SPIEGEL 16/1999, S. 38.
[341] Vgl. Carlo Masala, Forschungsinstitut für Politische Wissenschaft und Europäische Fragen an der Universität Köln; in: Union 2/99, S. 28.
[342] Vgl. Interview mit Bundesverteidigungsminister Rudolf Scharping in: DER SPIEGEL 17/1999; S. 30.
[343] Vgl. Clement: KFOR. Maßvoll und entschlossen; in: loyal 9/99, S. 8 f.
[344] Vgl. Keimzelle eines Großalbanien; in: DER SPIEGEL 25/1999, S. 157 f.
[345] Vgl. Clement: Winterfest; in: Loyal 10/99, S. 13.
[346] Vgl. Die Wut der Heimkehrer; in DER SPIEGEL 26/1999, S. 142.
[347] Vgl. Glinski: Mühlstein Balkan; in: Rheinischer Merkur, 30.07.1999, S. 1.

Schutz aller konnte nicht erfüllt werden.[348] In Serbien mehrten sich Proteste der Opposition, die angesichts des verlorenen Krieges den Rücktritt Miloševias forderten.[349] Es kam aber auch im Gegenzug zu Vertreibungen albanischsprachiger Bevölkerungsteile an der Grenze zu Montenegro durch jugoslawisches Militär.[350]

> „Eine politische Lösung für das Kosovo wird nur dauerhaft sein, wenn wir zugleich eine politische Strategie für die Gesamtregion entwickeln. Hierzu gehört, daß wir allen Staaten - Bosnien, Kroatien, Makedonien, Albanien und auch gerade Serbien - einen Weg öffnen, der aus jenem Europa der Vergangenheit des Krieges in das Europa der Zukunft, in das Europa der Integration und des Friedens führt."[351]

Doch der Traum von einem multiethnischen Kosovo, den westliche Politiker äußerten, scheint längst überholt zu sein.[352] Die einzige Lösung für diese Region wird wohl ein freies, rein ethnisch-albanisches, eigenständiges, politisches Gebilde sein, da viele, wie der Exil-Regierungschef der Kosovaren, Bujar Bukoshi, eine Autonomie unter serbischer Oberhoheit nicht akzeptieren.[353] Eine andere Lösungsmöglichkeit gibt es nach den vielen Gräueltaten von beiden Seiten nicht mehr. Dadurch ist der Frieden jedoch nicht beständiger geworden:

> „Mit der Teilung des Kosovo wird der großserbische Nationalismus einen großalbanischen Nationalismus schaffen."[354]

Die militärische Interventionsstreitmacht wird jedenfalls viel Zeit benötigen, um den Frieden zu sichern sowie Wiederaufbaumaßnahmen durchzuführen. Starke Bedenken sind auch in diesem Konfliktfall vorhanden:

---

[348] Vgl. Interview mit Hans-Peter von Kirchbach, Generalinspekteur der Bundeswehr; in: FOCUS 23/1999, S. 26.

[349] Vgl. Im Kosovo bisher 11 000 Leichen gefunden; in: FAZ vom 3. August 1999, S. 2.

[350] Vgl. Serben im Kosovo ermordet; in: FAZ vom 5. August 1999, S. 2.

[351] Münchner Konferenz für Sicherheitspolitik (Hrsg.): Rede des Bundesaußenministers Joschka Fischer bei der XXXV. Münchner Sicherheitskonferenz; München, 1999, S. 5.

[352] Vgl. Rushdie: Träumt nicht in Nachkriegszeiten; in: Die Welt, 11.08.99, S. 11.

[353] Vgl. Interview mit Bujar Bukoshi, Chef der Exilregierung der Kosovo-Albaner; in: FOCUS 23/1999, S. 24.

[354] Vgl. Bonn: Friedenstruppen müssen von der Nato geführt sein; in: FAZ, 15.04.99, S. 2.

„Es kann sein, daß Europa nach Bosnien, wo es sich bereits als Kolonialherr aufführt, eine weitere Kolonie bekommt, für die wir am Ende große Summen aufbringen müssen. Wieder einmal scheint es so zu sein, daß die Amerikaner die Bomben für die Lösung eines Konflikts bezahlen und wir den Wiederaufbau. Wie Frankreich und Großbritannien zuvor, wird auch Europa entdecken, daß Kolonien ein unkalkulierbares Abenteuer bedeuten."[355]

Die Stimmung der Bevölkerung, die die Truppen zunächst als Befreiungsarmee feierte, kann ebenso schnell umschlagen und die KFOR mit serbischem Militär verglichen und als Besatzungsmacht bekämpft werden.[356] Bis ein friedliches Nebeneinander eventuell wieder möglich wird, werden noch Jahrzehnte vergehen.[357] Im Unterschied zu Bosnien geraten die zurückkehrenden Flüchtlinge nicht in eine Minderheitensituation, so dass eine Befriedung schneller erfolgen kann.[358]

Nur die Beseitigung des Nationalismus in Serbien kann einen großen Fortschritt in der Beseitigung der ethnischen Differenzen bewirken.[359] Die Opposition in Serbien ist jedoch keinesfalls vollständig beseitigt. An dem Kreis Belgrader Intellektueller, die Themen wie „das andere Serbien", „Intellektuelle und Krieg" sowie „Nationalismus und Rassismus" behandeln, beteiligen sich zwei- bis dreihundert Menschen. Das Zentrum der Antikriegsaktionen, das 1991 begann, konzentrierte sich auf Projekte der Konfliktlösung und Vertrauensbildung, unterstützt durch die EU sowie der Soros Foundation, und warb für Versöhnung unter den Flüchtlingen. Mehr aus 2 000 Menschen aller ethnischen Gruppen nahmen an ihren Erziehungsprogrammen teil, die unter anderem auch die Erstellung von Schulbüchern beinhaltete, welche die Sprache von Nationalismus und Rassismus

---

[355] Interview mit Jonathan Eyal, wissenschaftlicher Direktor des Instituts für Verteidigungsfragen beim britischen Streitkräfteverband Royal United Services; in: DER SPIEGEL 17/1999, S. 160.
[356] Vgl. Gefährliche Helden; in: STERN 37/99, S. 40.
[357] Vgl. Interview mit Hans Koschnik; in: Schwarzwälder Bote vom 30.04.1999, zitiert nach: Koschnik (Hrsg.): Pressemitteilungen; Internet, Stand: 16.12.1999.
[358] Vgl. Interview mit Hans Koschnik; zitiert nach: BERLINER MORGENPOST 23.07.1999, in: Koschnik (Hrsg.): Pressemitteilungen; Internet, Stand: 16.12.1999.
[359] Vgl. Makarenko in: Project on Ethnic Relations (Hrsg.): Interethnic relations in Serbia/Yugoslavia; Internet, Stand: 16.12.1999.

aufzeigen sollten. Einige der nongovernmental organizations (NGOs) in Serbien sind im Netzwerk der serbisch-albanischen Beziehungen verbunden und untersuchen, unterstützt durch die Soros Foundation, die Integration des Balkans in Europa. Der Lösungsansatz liegt in der Definition der nationalen Interessen Serbiens, die im Gegensatz zum militanten Nationalismus eine demokratische Entwicklung des Landes sowie eine Aussöhnung mit den Nachbarländern ermöglichen. Er kann nur im Aufbau einer in sich geschlossenen Opposition liegen. Moderate nicht-nationalistische Kräfte in Serbien sind sich jedoch nicht sicher, wie die zukünftige nationale Identität der Serben aussehen soll. Der Prozess der Identitätsbildung wird noch Jahre dauern sowie von der speziellen Zusammensetzung von Staat und Gesellschaft in Serbien abhängig sein. In der sozioökonomischen Struktur ist die Ober- und Mittelschicht, die in jedem Staat eine zivile Gesellschaft bildet, völlig verschwunden. Da erst die nationalistische Politik Miloševias bewirkte, dass die Kosovokrise unlösbar wurde, scheint die Lösung des Problems in einem Verhandlungspaket zwischen dem jetzigen Jugoslawien und Albanien zu liegen, das Zugeständnisse in bezug auf Wirtschaft, Kultur und Menschenrechte für die Kosovaren enthält, um die Katastrophe der Abkoppelung des Kosovo von Serbien zu verhindern. Ebenso warnte man vor einer Autonomie des Kosovo, da keiner die Konsequenzen für die Region selbst sowie die umliegenden Balkanländer übersehen könne.

4.5. Fazit

Humanitäre Interventionen werden von der internationalen Staatengemeinschaft nur im Rahmen der UN-Charta geduldet. Der Entscheidungsprozeß im UN-Sicherheitsrat, der eine Blockade durch das Veto eines der fünf ständigen Mitglieder ermöglicht, verzögert jedoch eine wirksame politische Reaktion auf ethnische Krisen, da diese Staaten befürchten, bei weitreichendem und schnellem Handeln, selbst in den Wirkungsbereich der

Sanktionsmaßnahmen zu geraten.[360] Ethnische Spannungen im russischen Kaukasus und im chinesischen Tibet sind nur Einzelbeispiele.

Die russische Regierung bezeichnet die abtrünnigen Tschetschenen als Terroristen und betrachtet den von ihr begonnenen Krieg als innere Angelegenheit, bei der die westlichen Regierungen kein Mitspracherecht besitzen würden.[361] Gestützt auf ihr Atomarsenal können sie diese Politik auch fortführen, geraten aber durch ihre finanzielle Abhängigkeit vom Westen zunehmend unter Druck. Folglich kann sich Rußland ebenfalls nicht vollständig den moralischen Vorwürfen eines Großteils der restlichen Staatenwelt entziehen.

Das Völkerrecht verbietet die Einmischung in innerstaatliche Krisen. Eine vorzeitige friedliche und humane Trennung der Ethnien ist dadurch nicht möglich. Die Trennung wird weitgehend von den Konfliktparteien selbst unter großen Grausamkeiten vorgenommen. Auch durch die Stationierung von Schutztruppen kann die Vertreibung der Ethnien nicht verhindert werden. Der Kosovokrieg führt deutlich die Eigendynamik durch Massaker und Gewalteskalation nach Gewalttaten durch den Gegner vor Augen. Die internationale Streitmacht ist nur unzureichend dazu in der Lage, das im Dayton-Abkommen festgelegte Mandat umzusetzen. Dadurch entsteht der Eindruck, dass die Trennung der Ethnien von der internationalen Politik insgeheim angestrebt wird, da man die Wirkung der Separierung im Friedensprozess erkannt hat. Die Bevölkerung - Wählerpotential westlicher Demokratien - steht jedoch militärischen Einsätzen skeptisch gegenüber.

Viel eher scheint die Bildung eigener Identitäten für die verschiedenen Volksgruppen eine Lösungsmöglichkeit darzustellen: Die internationale Gemeinschaft hat in bezug auf die Problematik der Minderheitenrechte in BiH versagt und diese in Kroatien offengelassen.[362] Somit ist es die Auf-

---

[360] Vgl. Unser; Wimmer: Die Vereinten Nationen; S. 37 f.

[361] Vgl. Klussmann: Die Stunde brutaler Patrioten; in: DER SPIEGEL Jahreschronik 1999, S. 260-264.

[362] Vgl. Makarenko in: Project on Ethnic Relations (Hrsg.): Interethnic relations in Serbia/Yugoslavia; Internet, Stand: 16.12.1999.

gabe der Nachfolgestaaten Jugoslawiens, diese umzusetzen. Der neu zu erlernende Respekt vor anderen Identitäten in bezug auf Menschen-, Individual- und Gruppenrechten muss alte Mythen zur Sicherung des Anspruchs der eigenen Ethnie außer Acht lassen, da ansonsten das Konzept der „kollektiven Rechte" blockiert wird, das auf ethnischen Forderungen basiert. Gewaltenteilung zwischen Mehr- und Minderheiten, von der Verwirklichung des Prinzips des Föderalismus bis zur Bildung, von Bündnissen auf konstitutioneller Ebene, die auch die Kontrolle über die Bodenschätze beinhaltet, sind geeigneter, um Ethnien nicht zu diskriminieren und zu isolieren, sondern zu integrieren. Der erste Schritt zu einer Lösung dazu könnte eine Erklärung aller post-jugoslawischen Staaten zu völkerrechtlich garantierten Minderheitenrechten sein, der in der Zusammenarbeit auf wirtschaftlicher, politischer und kultureller Basis fortgesetzt werden kann. Dadurch gerät die serbische Opposition jedoch in eine Zwickmühle: Soll sie den Schutz ihrer Volkszugehörigen im Ausland fordern oder sollen sie eine Vereinigung aller serbisch besiedelten Gebiete in einem „groß"-serbischen Staat fordern. Ein vernünftiger Dialog mit den Nachbarstaaten ist nicht möglich, da jeder, der Verhandlungen beginnt, als Landesverräter abgestempelt wird. Die Vereinigung aller oppositionellen Gruppen könnte den Dialog mit den Ländern Südosteuropas wieder in Gang bringen und auch die albanischen Kräfte mit in diesen Strom integrieren.

Da Bevölkerungsumsiedlungen zur ethnischen Trennung im Vorfeld eines Konfliktes durch die internationale Gemeinschaft nicht durchführbar sind, ist es fraglich, ob nicht trotzdem im Vorfeld bereits Präventivmaßnahmen ergriffen werden können, um eine Eskalation der Gewalt zu verhindern.

5. Die präventiven Maßnahmen zur Trennung der Ethnien

5.1. Der Konflikt zwischen Israelis und Palästinensern

5.1.1. Die Wurzeln des Konfliktes

Eine eindeutige Grenzziehung konnte in Israel bisher nicht getroffen werden.[363] Weder biblische [364] noch historische Grenzen hatten längere Zeit Bestand.[365] Bis Ende des vierten Jahrhunderts hatten große Teile der jüdischen Bevölkerung ihren ursprünglichen Siedlungsraum, das von Gott verheißene „gelobte Land", verlassen. Ihnen rückten muslimische Araber nach, die ab dem siebten Jahrhundert Palästina beherrschten. Erst 1878 zum Berliner Kongress trugen jüdische Zionisten, die einen Zusammenschluss aller Juden in ihrer ursprünglichen Heimat forderten, in einer Denkschrift die Errichtung eines eigenen Staates an die Öffentlichkeit. Erste Einwanderungswellen mit Gründungen von jüdischen Dörfern setzten zu Beginn des 20. Jahrhunderts ein. Mit der Eroberung Palästinas durch die Briten und der Unterstützung von jüdischen Landnahmen durch das Königreich, konnte der Anteil der jüdischen Bevölkerung nochmals erhöht werden. Trotz Einwanderungsbeschränkungen verstärkte sich durch illegale Einwanderungen während des Zweiten Weltkriegs der schon seit Beginn der jüdischen Landnahme aufgeflammte Konflikt zwischen den neu siedelnden Juden und den ansässigen Palästinensern. Als ein Bürgerkrieg unausweichlich schien, legte die UNO mit der Resolution 181 das Ergebnis ihres Sonderausschusses für Palästina, der United Nations Special Comittee on Palestine (UNSCOP), einen Teilungsplan vor, der die Schaffung zweier unabhängiger demokratischer Staaten vorschlug.[366] Jerusalem sollte einen internationalen Status erhalten. Doch der Plan gelangte nicht zur Umsetzung, da er von den palästinensischen Arabern abgelehnt wurde und

[363] Vgl. Röhring in: Sontheimer (Hrsg.): Israel; S. 10-27, 61-66.
[364] Vgl. Katholische Bibelanstalt (Hrsg.): Die Bibel; Genesis 15,18; Numeri 34,3-15; Psalm 72,8-11.
[365] Vgl. BpB (Hrsg.): Geschichte des jüdischen Volkes; S. 14, 38, 43, 47, 57 .
[366] Vgl. Rothfuchs: Völkerrechtliche Würdigung des Palästinaproblems; S. 10 f.

durch den Abzug der britischen Besatzungstruppen sowie die Gründung des israelischen Staates am 15. Mai 1948 hinfällig geworden war.

Große Gebiete fielen Israel in der Folgezeit aus Defensivangriffen zu, da die arabischen Nachbarstaaten das jüdische Territorium nicht als Staat anerkennen wollten.[367] Nur durch die finanzielle Unterstützung der Amerikaner, die in einem Konfliktfall nicht gewillt sind, eigene Truppen dort zu stationieren, konnte die militärische Überlegenheit gegenüber den Nachbarstaaten hergestellt werden. Mit dem Unabhängigkeitskrieg von 1948 gelang es dem jüdischen Militär, große Teile des von ihnen beanspruchten Gebietes zu erobern und in einem Staat zusammenzufassen. Im Sechs-Tage-Krieg gegen Ägypten 1967 schuf Israel weitgehend sein heutiges Staatsgebiet: der Gazastreifen, das Westjordanland mit dem Jordanfluss als natürliche Grenze, Ost-Jerusalem, die syrischen Golanhöhen sowie die ganze Sinaihalbinsel, die bis 1982 jedoch wieder an Ägypten zurückgegeben wurde, konnten von jüdischem Militär besetzt werden. Zwar wurde dadurch die sicherheitspolitische Lage gestärkt, doch lagen darin auch die Wurzeln des Palästinenserkonfliktes. Mit Beginn des Unabhängigkeitskrieges setzte neben der jüdischen Landnahme der Flüchtlingsstrom der Palästina-Araber ein.[368] Durch Vertreibung der Araber und die Ansiedlung jüdischer Immigranten hoffte man das Sicherheitsproblem zu lösen, um die territorialen Gewinne abzusichern. Die arabischen Nachbarstaaten waren jedoch nicht gewillt, die Flüchtlinge zu integrieren, sondern fassten sie in Lagern zusammen und setzten sie als politisches Druckmittel ein. So leben Tausende teilweise schon seit 1948 in diesen Sammellagern in ungewisser Zukunft. Spätestens seit dem Sechs-Tage-Krieg war an eine arabische Einheit sowie eine Rückkehr der Palästinenser nicht mehr zu denken. Die palästinensische Befreiungsorganisation (PLO), die Israel jegliche Existenzrechte absprach und seit diesem Konflikt ihre terroristischen Aktivitäten verstärkte, um ein eigenes Palästina zu schaffen, erhielt wachsenden Zulauf. Zudem wurde den Palästinensern durch die UNO in der Res. 3236

---

[367] Vgl. Tophoven in: BpB (Hrsg.): Israel; S. 9-15.
[368] Vgl. Giordano: Israel; S. 86 f.

(XXIX) das Recht auf Selbstbestimmung, nationale Unabhängigkeit und Souveränität eingeräumt.[369] Jegliche Verhandlung auf politischer Ebene lehnte der Führer der PLO, Yassir Arafat, ab. 1987 entzündeten sich durch einen Unfall im Gazastreifen die ersten Straßenschlachten zwischen israelischem Militär und palästinensischen Jugendlichen - der Beginn der Intifada, dem Abschütteln der israelischen Fremdherrschaft.

Eine multikulturelle Gesellschaft konnte zwar mit allen jüdischen Einwanderern aufgebaut werden, jedoch nicht mit den Palästinensern.[370] Zunächst wird in bezug auf die Staatsbürgerschaft in der Nationalität unterschieden in „Jude" und „Araber".[371] Diese nationale Regelung widerspricht jedoch eindeutig Art. 1 Abs. 3 UNC, der ausdrücklich eine Unterscheidung nach Rasse, Geschlecht, Sprache oder Glaube verbietet.[372] Nichtjüdische Bewohner der besetzten Gebiete sind keine israelischen Staatsbürger - sie müssen sich einbürgern lassen. Sie zählen nur zu den Einwohnern Israels und sind lediglich bei Kommunalwahlen wahlberechtigt, an denen sie sich aufgrund der Möglichkeit arabischer Kommunalverwaltungen regelmäßig mit über 80 Prozent beteiligen. Ein weiterer Grund für die Nichtintegration ist „die Politik der offenen Brücken" gewesen, die es den israelischen Arabern nach dem Krieg 1967 ermöglichte, in den Gazastreifen und das Westjordanland einzureisen. Ihre Identifikation mit ihrer palästinensischen Herkunft wurde dadurch entscheidend gestärkt und gipfelte in der Intifada. Seitdem war ein Ende der Palästinensierung nicht abzusehen.

Aber auch unter jüdischen Israelis und israelischen Arabern kommt es häufig zu Spannungen.[373] Ein Großteil der Araber lebt in Zentral- und Westgaliläa. Erst 1992 konnte aufgrund russischer Einwanderer die Bevölkerungsmehrheit zugunsten der Juden verändert werden. Ebenso befinden sich aber auch in Tel Aviv und Haifa zahlreiche Siedlungen, die aber weit-

---

[369] Vgl. Rothfuchs: Völkerrechtliche Würdigung des Palästinaproblems; S. 20.
[370] Vgl. Wolffsohn in: Aus Politik und Zeitgeschichte B 14/98; S. 7.
[371] Vgl. Wolffsohn: Politik in Israel; S. 422 f.
[372] Vgl. Randelzhofer (Hrsg.): Völkerrechtliche Verträge; S. 2.
[373] Vgl. Wolffsohn; Bokovoy: Israel; S. 307-309.

gehend räumlich-geographisch von den jüdischen Siedlungsräumen getrennt sind. Diese räumliche Trennung ist jedoch sehr häufig beim Zusammenleben differierender Ethnien in einem Großteil der Staaten unseres Globus zu finden. Sie dient der territorialen Verankerung der Bevölkerungsgruppe und somit der Verringerung von eventuellen Sicherheitsrisiken, die durch eine gemischte Siedlung unterschiedlicher Bevölkerungsgruppen entstehen können.[374] Zwar ist eine zögerliche Annäherung der Ethnien zu verzeichnen, doch ist die jüdische Bevölkerung nicht bereit, die Distanz zu überwinden, solange sich die Araber noch zu den Palästinensern und nicht zu den Israelis zugehörig fühlen.

5.1.2. Jüdische Siedlungspolitik

Denn kurz nach Ende des Sechs-Tage-Krieges war die Besiedlung des Westjordanlandes vorangetrieben worden.[375] Jüdische Siedler wurden durch niedrigere Mieten und höhere Sozialleistungen in die besetzten Gebiete gelockt. Meist handelte es sich um extrem religiös-nationalistische Gruppen. Bis 1993 haben sich in Ostjerusalem 152 800 Juden niedergelassen, denen 150 500 Palästinenser gegenüberstehen. Die meisten und größten jüdischen Siedlungen befinden sich um Tel Aviv und Jerusalem. Ziel der Landnahme war es, mit wenig Siedlern möglichst viele arabische Städte und Dörfer voneinander abzuschneiden. Doch je jüdischer die besetzten Gebiete werden, um so größer ist ihr Anteil an Arabern. In Israel selbst leben circa 800 000 Araber, in den besetzten Gebieten zwei Millionen. Ihnen stehen vier Millionen Juden gegenüber. Bei der vollkommenen Eingliederung der Gebiete, müssten die Araber auch an den demokratischen Prozessen mitbeteiligt werden. Dafür sprechen sich - laut einer Umfrage - jedoch nur 24 Prozent der jüdischen Israelis aus. Wie der nachfolgenden Tabelle zu entnehmen ist, stieg gerade nach dem Zerfall der Sowjetunion durch russische Einwanderer der Anteil an Juden in den besetzten Gebieten nochmals erheblich an:

---

[374] Vgl. Eibl-Eibesfeld: Biologie des menschlichen Verhaltens; S. 417 ff.
[375] Vgl. Wolffsohn; Bokovoy: Israel; S. 28-37.

Jüdische Siedler in den besetzten Gebieten[376]

Gebiet /Jahr	1972	1977	1981	1983	1984	1989	1992	1993
Gaza-Streifen	700	3 500	5 300	700		2 300	4 000	
Golan-Höhen	600	3 000		6 800		9 400		12 600
Westjordanland	800	4 400	16 200		42 600	85 000		130 000

Die Folgen der Einwanderungen sind nicht nur bei den Palästinensern deutlich zu spüren.[377] Erhöhte Arbeitslosigkeit, langwierige Integration und erhöhter Wohnraumbedarf stellen für den israelischen Staat eine enorme wirtschaftliche Belastung dar. Hinzu kommen die hohen Ausgaben für die Rüstung, um gegen terroristische, wie militärische Angriffe gewappnet zu sein. Zudem fordern die UN die Einhaltung der Res. 3236 (XXIX) von 1974, welche die Selbstbestimmung und das Recht auf Rückkehr für die Palästinenser verlangt.[378] Seit 1979 übt sie zudem durch die „Kommission des Sicherheitsrates zur Untersuchung der Siedlungspolitik in den seit 1967 besetzten arabischen Gebieten einschließlich Jerusalems" regelmäßig Kritik.[379]

Erst als die arabischen Staaten sowie die Palästinenser bereit waren, Israel als Staat anzuerkennen, konnte innerhalb der jüdischen Gesellschaftsschichten während der 1990er Jahre eine territoriale Kompromissbereitschaft erreicht werden.[380] Durch die Vermittlung der USA und der Sowjetunion konnten die Konfliktparteien erstmals zu Beginn der Nahost-Friedenskonferenz an den Verhandlungstisch gebracht werden.[381] Verhandelt werden sollte der Rückzug Israels aus den besetzten Gebieten auf der Grundlage der UN-Resolutionen 242 und 338 von 1967 und 1973. Schon 1978 hatte man im amerikanischen Camp David ergebnislos über eine palästinensische Autonomie verhandelt.[382] Während Israel bisher mit Ägypten und Jordanien Friedensverträge abschloss, blieb eine Einigung mit Sy-

[376] Vgl. Wolffsohn; Bokovoy: Israel; S. 29.
[377] Vgl. Struminski in: BpB (Hrsg.): Israel; S. 64 f.
[378] Vgl. Kimminich: Das Recht auf die Heimat; S. 141.
[379] Vgl. Rothfuchs: Völkerrechtliche Würdigung des Palästinaproblems; S. 19.
[380] Vgl. Wolffsohn in: Aus Politik und Zeitgeschichte B 14/98; S. 3.
[381] Vgl. Tophoven in: BpB (Hrsg.): Israel; S. 18-27.

rien und dem Libanon unerreichbar.[383] Nach dem Abzeichnen einer weiteren Entschärfung des Konfliktes durch den Friedensplan von Fes, in dem erstmals eine Zweistaatenlösung von den Palästinensern anerkannt worden war, sowie dem Verzicht Jordaniens auf die besetzten Gebiete zugunsten der PLO, schien eine Konfrontation jedoch durch die Ausrufung des Staates Palästina am 15. November 1988 wieder aufzuflammen.[384] Mit den Vereinbarungen von Oslo 1994 sollte ein Kompromiss mit der PLO getroffen werden.[385] Durch den Gewaltverzicht der PLO wurde den Palästinensern im Gazastreifen sowie in Jericho Autonomie durch die Schaffung einer eigenen Polizei, eigener Gerichtsbarkeit und einer Selbstverwaltung gewährt. Diese Gebiete stellen jedoch nur einen Bruchteil der besetzten Gebiete dar. Weder der Status Jerusalems, das von Israelis und Palästinensern beansprucht wird, noch die Rückkehr der Palästinaflüchtlinge wurde geklärt. Auch das Problem der jüdischen Siedlungen im besetzten Westjordanland konnte bisher noch nicht gelöst werden. Aktuell sind diese Themen jedoch schon seit dem Ende des Krieges von 1948. Schon damals hatte die UN-Generalversammlung in der Resolution 194 IV auf die israelisch-palästinensische Problematik hingewiesen und in Art. 1 den Palästinensern ein Rückkehr- sowie Selbstbestimmungsrecht zugebilligt.[386] Mit Beginn der jüdischen Siedlungsmaßnahmen 1967 scheint eine Lösung nicht mehr in Sicht. Zerstörung und Beschlagnahme von Häusern sowie zahlreiche Verhaftungen ließen die Gewaltspirale anwachsen. Mit dem Kompromiss der Kantonisierung des Westjordanlandes und der palästinensischen Selbstverwaltung versuchte man in Oslo ein Entschärfen des Konfliktes zu erreichen.

Eine weitere Möglichkeit der Befriedung wäre die Räumung aller besetzten Gebiete. Die circa 150 000 jüdischen Siedler im Westjordanland werden jedoch nicht gewillt sein, freiwillig umzusiedeln und ihr Gebiet ohne

---

[382] Vgl. Dajan: Die Mission meines Lebens; S. 394 f.
[383] Vgl. Pappe in: Aus Politik und Zeitgeschichte B 14/98; S. 31-34.
[384] Vgl. Rothfuchs: Völkerrechtliche Würdigung des Palästinaproblems; S. 21.
[385] Vgl. Peres: Shalom; S. 403-414.
[386] Vgl. Blumenwitz in: Blumenwitz (Hrsg.): Flucht und Vertreibung; S. 3 f.

einen Bürgerkrieg den Palästinensern zu überlassen.[387] Selbst bei der Unterzeichnung des Hebron-Protokolls im Januar 1997, das zu einer Teilräumung der Stadt geführt hatte, hegten sie heftigen Widerstand. Ebenso ist das besetzte Gebiet das größte Wasserreservoir Israels, mit dem die zur Nahrungsmittelversorgung unerlässlichen Bewässerungsanlagen gespeist werden.[388] Im Golan entspringen die Quellflüsse des Jordan, so dass der Bergrücken nicht nur eine militärische Bedeutung zum Schutz gegen Syrien hat, sondern auch eine enorme wirtschaftliche. Syrien wird jedoch keinen Frieden mit Israel schließen, wenn dieses nicht bereit ist, die Golan-Höhen zu räumen.

„Wer glaubt, daß er im Schatten des Friedens möglichst viel Land herausschlagen kann, ist nicht redlich. So jemand ist schwerlich an einer wirklichen Lösung interessiert und mißachtet das Prinzip `Land und Frieden´. (...) Über den Golan verhandeln wir nicht, das ist für uns kein Thema."[389]

Nach dem Ausbruch der Intifada wurde die Umsiedlung eines großen Teiles der palästinensischen Bevölkerung in die arabischen Nachbarstaaten erwogen.[390] So sprachen sich 1988 immerhin 40 Prozent der jüdischen Israelis für diese Lösung aus. Als jedoch der geistige Vater der Theorie, Rechwam Seewi, 1991 an der Regierung beteiligt war und feststellen musste, dass sein Vorhaben nicht durchsetzbar war, kehrte sich auch die Öffentlichkeit wieder davon ab. Es wäre geradezu paradox gewesen, wenn die Juden, die gerade zur Zeit des Nationalsozialismus in Deutschland leidvoll erfahren mussten, wie Bevölkerungstransfers durchgeführt wurden, nun den Vorschlag des Bürgermeisters von Ariel umgesetzt und die arabischen Arbeiter zum Tragen deutlich sichtbarer Erkennungszeichen gezwungen hätten. Die Gründung eines Palästinenserstaates wird von Israel ebenso wie von Jordanien, das die meisten arabischen Flüchtlinge aufgenommen hat, aufgrund des sicherheitspolitischen Risikofaktors abge-

---

[387] Vgl. Wolffsohn in: Aus Politik und Zeitgeschichte B 14/98; S. 4.
[388] Vgl. Frei: Israel zwischen den Fronten; S. 103-108.
[389] Interview mit Mohammed Salman, Informationsminister Syriens, in: DER SPIEGEL 32/1999, S. 104.

lehnt. Alle Lösungsansätze beruhen auf der klaren Trennung der beiden Ethnien, für die sich auch Ministerpräsident Ehud Barak ausspricht:

> „Der schwierige, hundert Jahre dauernde Konflikt zwischen uns und unseren Nachbarn, den Palästinensern, ist wie eine chronische Krankheit. Uns trennen unterschiedliche Religionen und Kulturen. Viel Blut ist geflossen, böse Erinnerungen halten den Haß wach. (...) Aber um kooperieren zu können, müssen wir wissen: Bis hier ist Israel, von da ab ist palästinensisches Gebiet, wie immer dieses künftig definiert sein mag. Trennung ist der Schlüssel zum Frieden."[391]

Im Oktober 1999 unterzeichneten Israel und die Palästinenser eine Vereinbarung über eine „sichere Passage" von circa 45 Kilometer Länge, um den Gaza-Streifen mit dem Westjordanland zu verbinden.[392] Diese Regelung soll ein weiteres Zugeständnis an die Palästinenser darstellen und als Ausgangspunkt für spätere Verhandlungen dienen. Anfang November 1999 beschloss das israelische Kabinett, aus weiteren fünf Prozent des besetzten Gebietes ihre Truppen abzuziehen und es den Palästinensern zu übergeben.[393] Zur Durchsetzung dieser Regelung ließ Regierungschef Barak einen Außenposten im besetzten Westjordanland gegen den Willen radikaler jüdischer Siedler gewaltsam räumen.

Allmählich zeichnet sich auch ein Ausgleich mit Syrien ab, der eine Internationalisierung des Gebietes unter Rückzug des israelischen Militärs vorsieht, aber Israel gleichzeitig das hauptsächliche Wassernutzungsrecht überlässt.[394] Jedoch bestehen noch von beiden Seiten große Bedenken und divergierende Ansichten zur Beseitigung der Sicherheitsrisiken, die immer noch in der Form eines erneuten Kriegsausbruches bestehen könnten.

---

[390] Vgl. Wolffsohn; Bokovoy: Israel; S. 39 ff.
[391] Interview mit Ehud Barak, Permier Israels; in: DER SPIEGEL 38/1999, S. 229.
[392] Vgl. Israel und Palästinenser einig über die „sichere Passage"; in: Oberhessische Presse, 06.10.1999, S. 13.
[393] Vgl. Yahoo Deutschland (Hrsg.): Nahostnachrichten; Internet, Stand: 11.11.1999.
[394] Vgl. Rahmenabkommen für die Golanhöhen; in: FOCUS 47/1999, S. 388.

5.1.3. Fazit

Zwar lautet die allgemeine Ansicht, dass die Trennung der Ethnien notwendig ist, doch weiß keine Seite, wie diese durchgesetzt werden soll. Sicherlich dient eine langsame Hinführung der Palästinenser zu Autonomie der Entschärfung des Konfliktes, doch wird am Ende immer die Frage Baraks stehen:

„Warum sollen wir zweieinhalb Millionen Palästinenser kontrollieren? Das würde auf Dauer zu einem Apartheidsystem führen oder zu einem binationalen Staat. Ich ziehe ein kleineres, aber homogenes Israel vor, das seiner Identität und seinen Werten treu bleibt."[395]

Die Schaffung eines kleineren Israels unter dem Motto: „Territorium gegen Frieden" wird jedoch nur schwer erreichbar sein, da ein Rückzug aus den besetzten Gebieten nun nicht mehr ohne weiteres möglich ist.[396]

Ebenso will Barak keinesfalls Jerusalem mit den Palästinensern teilen und auch nicht zu den Grenzen von 1967 zurückkehren.[397]

Durch die Vertreibung der Palästinenser hat Israel ein hohes Sicherheitsrisiko für sich selbst und die arabischen Staaten geschaffen. Da die Nachbarstaaten nicht gewillt sind, die Flüchtlinge zu integrieren, wird der Befreiungskampf nicht nur in Israel, sondern auch in Jordanien, wo die Palästinenser aufgrund der hohen Geburtenrate zu einer sehr großen Bevölkerungsgruppe herangewachsen sind, zu einer großen Bedrohung. Fraglich ist, ob man nicht durch eine andere Siedlungspolitik eine größere Homogenisierung des Staates Israel erreicht hätte, so dass nun die unausweichliche Gleichberechtigung der arabischen mit der jüdischen Ethnie leichter möglich wäre. In jedem Fall wäre die Angst der Bevölkerung vor einer Konfrontation mit der anderen Ethnie aufgrund einer vermischten Siedlung durch die Trennung minimiert worden.

[395] Interview mit Ehud Barak, Permier Israels; in: DER SPIEGEL 38/1999, S. 231.
[396] Vgl. O`Brien: Belagerungszustand; S. 403 ff.
[397] Vgl. Schrei nach Normalität; in: DER SPIEGEL 21/1999, S. 159.

104

So lässt sich abschließend festhalten, dass Kaufmanns Theorie in diesem speziellen Konflikt eine Entschärfung bewirkt hätte, wenn man schon im Vorfeld sein Motto der „ethnischen Trennung" berücksichtigt hätte.

5.2. Die Abgrenzung der Volksgruppen in Quebec

5.2.1. Die historischen Ursprünge der ethnischen Trennung

Bevor auf die Besonderheiten Quebecs eingegangen wird, muss zunächst die Siedlungsgeschichte Kanadas erläutert werden. Aufgrund immer wieder aufflammender ethnischer Konflikte verzichtete Frankreich im Frieden von Paris 1763 auf seine nordamerikanischen Gebiete zugunsten der ebenfalls dort siedelnden Engländer.[398] Großbritannien konnte durch die Garantie des Rechts auf Eigentum und freie Religionsausübung im Quebec Act 1774 die französisch stämmigen Siedler, auch Frankokanadier genannt, für sich gewinnen. Jedoch kam es immer wieder zu Unstimmigkeiten. 1791 wurde Quebec bis 1840 in ein mehrheitlich englisches Ober-Kanada und ein französisches Unter-Kanada ethnisch getrennt. Mit der zunehmenden Einwanderung von Engländern und Iren nach Kanada gerieten die Frankokanadier immer mehr in die Minderheit, wodurch es aus Sorge vor Überfremdung teilweise zu bewaffneten Übergriffen kam.

Die sozialen Unterschiede wurden zu Beginn der Industrialisierung deutlich.[399] Während die englischstämmigen Anglokanadier die Wirtschaft beherrschten, lebten die Frankokanadier in geburtenstarken Großfamilien abgelegener Dörfer von dem Ertrag ihrer Viehzucht und des Ackerbaues.[400] Durch die Landflucht der Frankokanadier bildeten diese die unterste soziale Schicht der urbanen Gesellschaft. Durch die Beteiligung Kanadas an der Seite der USA im Zweiten Weltkrieg, war der Bundesstaat und somit auch der Landesteil zunehmend an dem wirtschaftlichen Aufstieg Amerikas beteiligt. Dieses Faktum sowie der wachsende Unmut aller Bevölke-

---

[398] Vgl. Bertelsmann Verlag GmbH (Hrsg.): Bertelsmann Lexikon Geschichte; Stichwort: Kanada.
[399] Vgl. Schulte: Ethnospezifische Sozialräume in Québec; S. 5-11, 74.
[400] Vgl. Kempf in: Kempf (Hrsg.): Quebec; S. 18 f, 25-31.

rungsschichten über die Rückständigkeit der Provinz erlaubte der Liberalen Partei Quebecs, welche die Regierungsgeschäfte im Juni 1960 von der ultrakonservativen Union Nationale übernommen hatte, in der Folgezeit, die als Révolution tranquille - stille Revolution - bezeichnet wird, eine Reihe von Reformen durchzuführen. Sie beinhalteten die Demokratisierung, die Verbesserung der sozialen Stellung der Unterschichten, einen größeren Einfluss des Staates auf die Provinzen und einen Aufstieg der französischen Mittelklasse, die sich zunehmend an den Reformen beteiligte. Bisher hatte ihr durchschnittlicher Verdienst um 35 Prozent unter dem der Anglokanadier gelegen. Der sich nunmehr herausbildende progressive Nationalismus bezog sich nicht mehr auf Gesamtkanada, sondern auf die überwiegend französischsprachige Provinz Quebec. Im Zuge der nationalen Einigung waren 1968 mehrere Kleinparteien zur „Parti Québecois" (P.Q.) fusioniert. Zunächst forderten die politischen Parteien nur eine Änderung des Steuer- und Finanzsystems des Bundesstaates zugunsten Quebecs. Doch schon bald kehrten sie zur alten Unabhängigkeitsforderung der Union Nationale zurück. Um diesen Bestrebungen Einhalt zu gebieten, erkannte die Bundesregierung 1973 Französisch als zweite, gleichberechtigte Sprache in Kanada an und versprach die Erstellung einer eigenen Bundesverfassung. Dadurch war es möglich, die interethnischen Spannungen zwischen anglophonen und frankophonen Kanadiern abzubauen. Lediglich in Quebec kam es in der Folge noch zu einer Verschärfung der Lage, die 1980 in der Forderung der Provinz zur Loslösung aus dem kanadischen Staatsverband gipfelte, für die jedoch bei einem Referendum keine Mehrheit errungen werden konnte. 60 Prozent der Quebecer hatten dagegen votiert. Die Unabhängigkeit hätte eine vollständige innen- und außenpolitische Souveränität beinhaltet. Quebec wäre lediglich durch eine gemeinsame Luftraumverteidigung, eine Wirtschaftsgemeinschaft sowie mit einer Zusammenarbeit im öffentlichen Transport- und Verkehrswesen an Kanada gebunden gewesen. Der Grund der Ablehnung beruhte im wesentlichen darauf, dass die Bevölkerung durch die Auflösung der Konföderation eigene wirtschaftliche Nachteile befürchtete. Die erste eigenständige Verfassung Kanadas, die den British North America Act von 1867 ablöste, wurde 1981 nur durch die Zustimmung der neun anglophonen Provinzen durchgesetzt, Quebec lehnte sie ab. Seitdem wird die Stellung des Landesteils im bundesstaatlichen Gefüge immer wieder stark diskutiert. Fakt ist, dass in der Charter of Rights Section 2 (a) zwischen sprachlichen Minderheiten innerhalb und außerhalb Quebecs unterschieden wird. Sie bestätigt, dass Quebec das Zentrum der frankophonen Kanadier ist sowie in den einzelnen Provinzen unterschiedliche Regelungen zum Schutz oder zur Förderung einer Sprache getroffen werden können. Die gesellschaftlichen Unterschiede zwischen beiden wurden zwar von bundesstaatlichen Regelungen anerkannt, aber von den Gerichten noch nicht klar definiert. Eine weitgehende Selbständigkeit Quebecs, die von der kanadischen Bundesregierung angeregt wurde, um den sozialen Frieden in der Provinz wieder herzustellen, wurde 1990 von den anderen Provinzen verweigert.

Die grundlegende Verfassungsreform zum Minderheitenschutz und der Stärkung der Provinzen nach dem Charlottetown-Abkommen scheiterte 1992 an einem Volksentscheid, in dem 56 Prozent mit „Nein" stimmten.[401] Der Bevölkerungsanteil in Gesamtkanada an Kanadiern englischer Abstammung beträgt 34 Prozent, der französischer 24 und ist somit weitgehend ausgeglichen.[402] Der geringe Bevölkerungsanteil der „First Nations", der weniger als 400 000 Indianer und Eskimos, die ebenfalls begannen, einen Anspruch auf ihr Land zu artikulieren, wird dabei nicht berücksichtigt, da sie keine einheitliche Religions-, Kultur- sowie Sprachgruppe bilden und deshalb ihre Interessen gemeinschaftlich nur sehr schwer durchsetzen können.[403] 67 Prozent der Gesamtbevölkerung Kanadas sprechen Englisch, 15 Prozent Französisch und nur 16 Prozent beide Sprachen. In Quebec standen 1981 jedoch mehr als 5, 3 Millionen Französischsprechende nur ungefähr 706 000 Englischsprechenden gegenüber. Der in den 1970er Jahren aufkeimende Nationalismus enthält deutliche Parallelen zu

---

[401] Vgl. Bibliographisches Institut & F.A. Brockhaus AG (Hrsg.): Meyers Lexikon in drei Bänden; Stichwort: Kanada.
[402] Vgl. Cook: Canada, Québec and the uses of nationalism; S. 15 f, 81, 164-170.
[403] Vgl. Green (Hrsg.): The Commonwealth Yearbook 1999; S. 100.

den am Anfang der Arbeit genannten Nationalismustheorien. Vereinfacht dargestellt: Frankophone Katholiken standen anglophonen Protestanten gegenüber, die zwar in der Minderheit waren, doch einen Führungsanspruch in der urbanen Wirtschaft besaßen. Während die Anglokanadier sich stark an die USA anlehnten und eine Stärkung der Zentralregierung forderten, setzten sich die Frankokanadier später für eine Separation ein, um ihre kulturellen Interessen durchzusetzen, während sich zunächst ihr Nationalismus auf alle Französischsprechenden in Nordamerika erstreckte.

5.2.2. Die Isolation der anglophonen Kanadier

Schon 1974 war in einem Sprachgesetz das Französische als alleinige Amtssprache erklärt. Alle Immigranten mussten französischsprachige Schulen besuchen. Die Unzufriedenheit beider Sprachgruppen mit dieser Gesetzgebung, die für die einen zu weit ging und für die anderen nicht eindeutig genug waren, nutzte der P.Q. 1976, den Wahlsieg zu erringen und ihre separatistische Politik umzusetzen. Durch das 1977 verabschiedete Provinzgesetz, der „Charte de la langue Fran[]aise", wurde die Sprachregelung verschärft: Französisch sollte von nun ab alleinige Verkehrssprache in den Betrieben sein; Englisch war in öffentlichen Anschlägen und in der Werbung verboten. Die Anglophonen erlangten in der Folge den Status einer Minderheit. Ziel war ein Privileg der Frankophonen:

„The Quebec that we wish to build will be essentially French. The fact that the Majority of the population is French will be distinctly visible: at work, in communications, in the country. It is also a country where the traditional division of powers, especially in matters concerning the economy, will be modified (...)."[404]

Die Sprachregelung ist bis heute unverändert geblieben und gültiges Gesetz, so dass deren Folgen immer noch fortbestehen.[405] Der bessere Arbeitsmarkt der westlichen Provinzen und die Anpassungsschwierigkeiten im französischen Landesteil, führten zur verstärkten Abwanderung in die

---

[404] Le Devoi: La Politique québécoise de la langue fran[]aise, 1977; zitiert nach: Cook: Canada, Québec and the uses of nationalism, S. 133 f.
[405] Vgl. Bernier; Boily in: Kempf (Hrsg.): Quebec; S. 100.

anglophonen Provinzen, vor allem von jungen, gut ausgebildeten Anglo-
kanadiern. Während der Anteil der Anglophonen Mitte des 19. Jahrhunderts noch 24 Prozent betrug, sank er von 1971 bis 1981 im Vergleich zu
den Vorjahren sehr rasch von 13,1 auf 10,9 Prozent, dem bislang niedrigsten Stand; wobei weniger als 15 Prozent der Auswanderer älter als 45 Jahre waren. Im August 1987 wies die Alliance Quebec als Interessenvertre-
tung der Anglophonen auf diese Problematik hin:

„The tendency for young adults of childbearing years to be over-
represented in this departure has also diminished the capacity of our
community to replenish itself demographically. The result is an aging
community with fewer children."[406]

Eine Selbstorganisation der sprachlichen Gruppen fällt zunehmend schwer,
da die neuen Einwanderer nicht direkter französischer oder englischer Abstammung sind, sondern aus Ländern des Commonwealth und der Dritten
Welt zuwandern.[407] Eigenmaßnahmen zum Erhalt der englischen Sprache
werden weitgehend durch die Bundesregierung finanziert, um die Gleichberechtigung der Sprachen durchzusetzen. Zwar konnte sich im offiziellen
Sprachgebrauch Französisch durchsetzen, in der Wirtschaft hat Englisch
jedoch seine Vorrangstellung, gerade durch die Beziehungen zu den USA,
behaupten können. Die Gruppe der Anglophonen gerät aber durch die dis-
kriminierende Sprachgesetzgebung zunehmend in die Rolle einer schutz-
bedürftigen sprachlichen Minderheit, da sie aufgrund der starken Stellung
der Provinz im Bundesstaatenverband territorial und teilweise auch sozial
vom nationalen Kernland abgeschnitten ist. Durch die sprachbedingte
Einigelung werden ihre Lebensbedingungen sowie ein notwendiger Dialog
zu ihrer Integration in die frankophone Gesellschaft zunehmend ver-
schlechtert. Neben der Überalterung der Gruppe durch die verstärkte Abwanderung ist eine schleichende Rückbesinnung auf die Vergangenheit
vor allem in der Generation der Jugendlichen zu beobachten. Zudem besitzt die Provinzregierung ein förmliches Mitspracherecht bei der Auswahl

---

[406] Montreal Gazette vom 18.08.1987 zitiert nach: Richler (Hrsg.): Oh Canada!; S. 25.
[407] Vgl. Schulte: Ethnospezifische Sozialräume in Québec; S. 7, 10, 182-186.

der Einwanderer, so dass nur Frankophone immigrieren dürfen und Anglophonen die Aufnahme verweigert wird.

Schulte setzt ihre Lage mit den deutschen Minderheiten in den neu entstandenen Staaten nach Ende des Ersten Weltkrieges gleich.[408] In mehreren Verträgen hatten die Alliierten den Schutz sprachlicher, nationaler und religiöser Minderheiten in den neu entstandenen Staaten festgeschrieben, die neben einer Privilegierung der Minderheiten im Bildungssystem auch den freien Gebrauch der Sprache vorsah. Nach den Weltkriegen fand der Sprachenschutz Eingang in Art. 27 des Internationalen Paktes über bürgerliche und politische Rechte (IPbpR). Bisher konnte jedoch keine Einigung über die Gewährung des muttersprachlichen Unterrichts auf internationaler Ebene getroffen werden.

Somit sind die Sprachregelungen Quebecs zwar völkerrechtlich zulässig, in ihren Folgen aber äußerst bedenklich.

Hannah Arendts Befürchtungen über den aufkeimenden Nationalismus scheinen eingetroffen zu sein:

„We now watch how an ethnic nationalism begins to threaten with dissolution the oldest and best established nation-states."[409]

Hinzu kommen die Probleme mit den Ureinwohnern, die ebenfalls immer wieder zum Vorschein treten.[410] Als der Häuptling der Cree-Indianer bei der Erschließung des Landes daran erinnerte, dass den indianischen Ureinwohnern eigentlich 85 Prozent des Territoriums gehören müssten, sah man in ihm einen Rassisten. Auch die Forderung nach Selbstverwaltung wurde immer wieder abgelehnt, zuletzt 1992 in der Chalottetown-Übereinstimmung. In dieser wurde auch erstmals Quebec als „distinct society" bezeichnet - die Erkenntnis der Unterschiede zwischen Anglophonen und Frankophonen.[411] Ein weiteres Referendum zur Unabhängigkeit des Lan-

---

[408] Vgl. Redinger: Völkerrechtliche Würdigung von Sprachverboten, Arbeitsverboten und Zwangsarbeit; S. 1-8.
[409] Arendt: On Violence; S. 85.
[410] Vgl. Schulte: Ethnospezifische Sozialräume in Québec; S. 182-186.
[411] Vgl. Green (Hrsg.): The Commonwealth Yearbook 1999; S. 104 f.

desteils wurde 1995 mit einer Mehrheit von 50, 6 Prozent abgelehnt. Dies führte zur Calgary Deklaration von 1997, in der sich die Provinzen darauf einigten, dass bei einer Änderung der Verfassung zugunsten einer Provinz, diese Regelung auch auf alle anderen angewendet werden muss. Die Folge war, dass der Oberste Gerichtshof Kanadas, der schon 1982 Teile der Sprachenregelung von 1977 für ungültig erklärt hatte, im August 1998 entschied, Quebec nur bei einer klaren Mehrheit eines Referendums unter Zustimmung der Bundesregierung sowie sieben von zehn Provinzen die geforderte Eigenständigkeit zuzugestehen. Ein Großteil der Bevölkerung fühlt sich jedoch zunehmend als Quebecer, wie eine Untersuchung der Identifikation Frankophoner von Maurice Pinard 1995 erbrachte: Die Identifikation mit der Sprachgruppe der Frankokanadier und dem Staatenverband Kanadas lässt immer mehr nach.[412]

(Angaben in %)[413]	1970	1977	1984	1988	1990	1995
frankokanadisch	44	51	48	39	28	14
Quebec	21	31	37	49	59	55
Kanada	34	18	13	11	9	30

Anglophone Befürworter einer Trennung sehen darin eine Chance zu mehr Wirtschaftswachstum im sprachlich homogenen Restkanada sowie eine größere politische Stabilität.[414] Für die Folgezeit könne die bundesstaatliche Struktur erhalten, mehr Zentralismus eingeführt oder den Provinzen mehr Kompetenzen zugestanden werden, so Robert A. Young. Während der Verhandlungen wurden zahlreiche Minderheitenrechte in bezug auf eine Trennung diskutiert. So werden seit 1867 die Zusicherung von konfessionellen Schulen und die Nutzung beider Sprachen im Parlament und

---

[412] Vgl. Monière in: Kempf (Hrsg.): Quebec; S. 52.
[413] Pinard: The Quebec Independance Movement; in: Journal of International Affairs, Winter 1992; zitiert nach: Monière in: Kempf (Hrsg.): Quebec; S. 52.
[414] Vgl. Young: The Secession of Quebec and the Future of Canada; S. 10 f., 14-21, 227 ff.

vor Gericht sowie seit 1982 beim Verkehr mit den Behörden gesetzlich festgeschrieben. Ebenso besitzen alle Kanadier das Recht der Freizügigkeit in Verbindung mit der freien Wahl der Schulbildung. Diese Rechte müssten ebenso bei einer Trennung beachtet werden.

Gemäß Youngs Theorie erklärt Quebec nach konstitutionellen und politischen Gesprächen die Unabhängigkeit, welche die einzelnen Provinzregierungen sowie die Bundesregierung Kanadas annehmen.[415] Eine Vereinbarung darüber müsse unter internationaler Hilfestellung rasch getroffen werden. Nur so könne eine klare, völkerrechtlich legitime Separation vollzogen werden. Als Beispiel führt Young den Zerfall der Tschechoslowakei (ÈSFR) an.

Nach dem Ende des Ersten Weltkrieges zu einem Staat zusammengeschlossen, zerfiel die ÈSFR 1939 aufgrund der Verweigerung von zugesicherten Autonomierechten durch die slowakische Unabhängigkeitserklärung und wurde unter dem Einfluss der Sowjetunion nach dem Zweiten Weltkrieg wiederhergestellt.[416] Unter der kommunistischen Herrschaft besaß die Sozialistische Republik Slowakei eine Teilautonomie mit eigener Verfassung, Regierung und Parlament und wurde 1989/90 Föderative Republik der ÈSFR.[417] Die seitdem während wirtschaftliche Krisensituation und das dadurch bedingte Auseinanderdriften der tschechischen und der slowakischen Landesteile hatte im Juni 1992 zum Wahlsieg der nach Unabhängigkeit strebenden „national-slowakische Bewegung für eine Demokratische Slowakei" (HZDS) für das Bundes– und Landesparlament geführt. Am 17. Juni 1992 proklamierte die Regierung der Slowakei ihre Souveränität. Verhandlungen führten nicht zu einer Einigung, so dass gemeinsam mit der tschechischen Regierung die Auflösung der ÈSFR zum 1. Januar 1993 beschlossen wurde. Beide Staaten bemühen sich nun um eine

---

[415] Vgl. Ebenda; S. 130-138, 157-167.
[416] Vgl. Bibliographisches Institut & F.A. Brockhaus AG (Hrsg.): Meyers Lexikon in drei Bänden; CD-ROM, Stichwort: Slowakische Republik.
[417] Kosta in: Weidenfeld (Hrsg.) Demokratie und Marktwirtschaft in Osteuropa; S. 143 f., 152 f.

Demokratisierung des Landes, um in den europäischen Einigungsprozess mit eingebunden zu werden. So ist gerade in den slowakischen Wahlen von 1998 eine Abkehr von national-autoritären Parteien zu beobachten, die an der Spaltung der Tschechoslowakei mitbeteiligt waren.[418] Grund für den Abbau der ethnischen Spannungen war unter anderem die frühzeitige Entwicklung einer starken Bindung von Polen, Ungarn, Tschechien und der Slowakei an die EU. So wirkte allein die Inaussichtstellung einer zukünftigen Mitgliedschaft im westlichen Europa entschärfend auf die Unstimmigkeiten zwischen der slowakischen Bevölkerungsmehrheit und der ungarischen Minderheit in der Republik Slowakei.[419] Der große Unterschied ist jedoch, dass das kanadische Regierungssystem viel komplexer ist und eine Mehrheit schwer gefunden werden kann, wenn lediglich eine Provinz frankophon und der Rest anglophon strukturiert ist. Daher ist diese Separation nicht ohne weiteres auf Kanada übertragbar.

5.2.3. Fazit

Der Führungsanspruch der Frankokanadier beruht auf der Vormachtstellung der Anglokanadier in den Jahrhunderten zuvor. Dieses historische Faktum ist fest verankert im Gedächtnis der Frankophonen, so dass bis heute Nationalismus und Separatismus die Politik Quebecs bestimmen. Eine Unabhängigkeit konnte bisher noch nicht durchgesetzt werden. Die Provinz in ihrer jetzigen Siedlungsstruktur könnte zudem nicht in einen homogenen Nationalstaat umgewandelt werden, da eine eindeutige ethnische Trennung nicht gegeben ist.

Die Abgrenzung der Provinz vom kanadischen Bundesstaat schließt neben Indianern und Eskimos auch 10 Prozent Anglophone mit ein, während drei bis vier Prozent Frankophone, besonders in den benachbarten Provinzen Ontario sowie New Brunswick, ausgegrenzt werden.[420] Durch die Diskri-

---

[418] Vgl. Rybnícek: Die Slowakei auf dem Weg zur Konsolidierung der Demokratie; in: KAS-AI 6/99, S. 86.
[419] Vgl. Krzeminski: Ein Ziel vor Augen; in: DIE ZEIT, 22.04.1999, S. 14.
[420] Vgl. Young: The Secession of Quebec and the Future of Canada; S. 228.

minierung der anderssprachigen Bevölkerungsteile versucht die Regierung Quebecs, diese zu assimilieren oder zur Auswanderung zu bewegen, die Entwicklung der Zahlen Abgewanderter scheint ihr recht zu geben.[421] Jedoch besaßen bei der Volkszählung von 1986 31 Prozent der Einwanderer, auch wenn sie wirtschaftlich voll integriert waren, keinerlei Französischkenntnisse.[422]

Die Kurve der Geburtenraten der Frankokanadier hat sich jedoch umgedreht.[423] Sie ist auf dem niedrigsten Stand ganz Nordamerikas angelangt. Ein sicheres Zeichen für ein Fortbestehen des Nationalismus nur unter anglokanadischer Leitung. Einschränkungen, die schon bei der Thematik des Bildungswesens ansetzen und sich über das gesamte öffentliche Leben erstrecken, hindern Anglophone aus anderen Staaten oder anderen kanadischen Provinzen, sich in Quebec anzusiedeln. Die Folge ist eine zunehmende Isolation des Landesteiles. Ebenso ist längst nicht der Großteil der Bevölkerung mit der Separationspolitik einverstanden, ansonsten wären die zahlreichen Referenden nicht stets gescheitert. Beim Vergleich der Zahlen fällt jedoch auf, dass die Quebecer immer mehr zur Unabhängigkeit tendieren. Das Ziel der sozialen Gleichberechtigung war indes erreicht, ihre Gehälter auf dem gleichen Niveau wie die der Anglokanadier. Ferner lehnen die USA, der stärkste Wirtschaftspartner Kanadas, eine Unabhängigkeit Quebecs strikt ab:

„One can easily imagine the reaction of a sovereign Quebec to the polite suggestion of a state department official that there is no room in the North American free trade zone for any country which imposes such discriminatory measures against the language and cultural life of one of its trading partners."[424]

Daher erscheint es unverständlich, warum diese Politik der Separation noch weiter fortgeführt wird. Das Ziel der Abgrenzung von den anglophonen Kanadiern wurde erreicht. Sofern sie jemals ein Sicherheitsrisiko dar-

---

[421] Vgl. Schulte: Ethnospezifische Sozialräume in Québec; S. 13
[422] Vgl. Bernier; Boily in: Kempf (Hrsg.): Quebec; S. 105.
[423] Vgl. Cook: Canada, Québec and the uses of nationalism; S. 96.
[424] Montreal Gazette vom 14.08.1991 zitiert nach: Richler (Hrsg.): Oh Canada!; S. 230.

gestellt haben, ist ihre Zahl mittlerweile auf ein Maß zurückgegangen, das den Frankokanadiern keinesfalls zur Bedrohung werden kann. Weiterführende separatistische Maßnahmen wird Quebec nicht nur politisch auf dem anglophonen Kontinent zunehmend isolieren, sondern auch die wirtschaftlichen Verflechtungen mit Restkanada und den USA nachhaltig gefährden. Abschließend bleibt festzustellen, dass die Schäden durch die sprachliche Abgrenzung von den anglophonen Kanadiern und ihre Diskriminierung Quebec wirtschaftliche Nachteile gebracht haben. Somit ist eine Trennung der Bevölkerungsgruppen in diesem Fall eher schädlich für die Weiterentwicklung des Landes.

6. Weitere Aspekte zur Umsiedlung

6.1. Politische Überlegungen

Im Rahmen einer Intervention ist im Vorfeld zu berücksichtigen, welche Lösungsmöglichkeiten bei einem Bürgerkrieg zwischen verschiedenen Ethnien vorhanden sind.[425] Eine internationale Intervention zur Trennung der Volksgruppen erhöht zunächst das Gewaltpotential und unterstützt die Sezession. In einer Studie, die Ted Robert Gurrs für das Washingtoner Institute of Peace durchführte, werden 27 ethnische Kriege untersucht. Zwölf davon endeten durch den Sieg einer Seite, fünf durch die Teilung des Staatsgebietes und zwei wurden durch die militärische Eroberung von einem Dritten beendet. Der Zerfall des Staatsgebietes konnte nur in acht Fällen verhindert und durch die Autonomie der beteiligten Gruppen gelöst werden. Dabei waren die Gruppen entweder vor Ausbruch des Krieges oder danach räumlich voneinander getrennt und hatten die wenigsten Toten zu verzeichnen. Somit scheint die einzige Möglichkeit einen dauerhaften Frieden zu erreichen und die von Hypernationalisten begonnene Spirale der Gewalt zu beenden, die Trennung der Volksgruppen zu sein. Die Hauptfrage ist dabei, wie möglichst viele Menschenleben gerettet werden können. Diese kann nur durch die Gewährung von größtmöglicher Sicherheit für die einzelnen Ethnien beantwortet werden. Leben die einzelnen Ethnien nicht mehr vermischt untereinander, sondern in abgegrenzten Gebieten, wird nach Kaufmann die Gefahr einer weiteren Eskalation entscheidend minimiert. Die Erwartung aber, dass die internationale Gemeinschaft niemals intervenieren würde, bestärkt die Unterdrückung von Minderheiten durch ethnische Eroberungskriege.

Eine Trennung der Ethnien verursacht zunächst eine große Bevölkerungswanderung, die in Bürgerkriegen oft zu großem Leid geführt hat. Die Gefahr besteht dabei, dass durch einen Eingriff der internationalen Gemeinschaft diese Wanderungsbewegung noch gefördert und vergrößert wird,

---

[425] Vgl. Kaufmann in: International Security; Vol. 20 No. 4 1996, S. 159 - 161, 170.

116

wie dies durch die Bombardierung Serbiens im Kosovo-Konflikt der Fall war.[426] Hunderttausende, gar Millionen Menschen müssten umgesiedelt werden.[427] Keiner wird aber freiwillig seine Heimat verlassen, so dass der Einsatz von gewaltsamen Mitteln unausweichlich erscheint. Während des Krieges entstehen jedoch oft durch eine Verschiebung des Frontverlaufs spontane Flüchtlingsströme, die der Vertreibung durch Nachbarn, die Mitglieder der anderen Ethnie sind, oder marodierende Truppen schrankenloser Gewalt ausgesetzt sind und ihrer letzten Habseligkeiten und lebensnotwendigen Dinge bei der überstürzten Flucht beraubt werden. Geplante Umsiedlungen können diese Begleiterscheinungen verhindern, indem sie die Bevölkerungsgruppen auf eine friedliche Umsiedlung vorbereiten. Dabei erscheint es Kaufmann sicherer, die Bevölkerungsgruppe dem Zugriff der lokalen Verwaltung zu entziehen und vorsorglich in Lager zusammenzufassen. Sicherlich kann aufkeimender Revanchismus auch nach einer Trennung noch zu Auseinandersetzungen führen, da es sich lediglich um eine Defensivlösung handelt. Doch werden diese durch den Schutz internationaler Truppen wesentlich geringer sein. Mehrere Fälle ethnischer Trennung des vergangenen Jahrhunderts haben jedoch gezeigt, dass eine relative Befriedung möglich ist. Bricht der Konflikt in den nachfolgenden Jahren wieder auf, sind die Folgen für die Zivilbevölkerung wesentlich geringer als in Kriegen mit ethnischen Säuberungen.

Auch die Gefahr des wirtschaftlichen Verfalls nach einer Trennung kann durch den Schutz der Interventionsstreitkräfte, der Garantie der Handelswege und durch direkte Hilfen beseitigt werden.[428] Militärisch kann dies zunächst die Unterstützung der schwächeren Volksgruppe - wie in BiH der bosnischen Muslime - durch zusätzliche Militärhilfen und Sicherheitsgarantien bedeuten. Ist die Sicherheit des neu entstandenen Staates gewährleistet, besitzt der Gegner aufgrund der gleichwertigen Bewaffnung beider

---

[426] Vgl. Ebenda, S. 170 - 172.
[427] Vgl. Interview mit Professor Norman M. Naimark von der Stanford-Universität in San Francisco; in: DER SPIEGEL 14/1999, S. 174 f.
[428] Vgl. Kaufmann in: International Security; Vol. 20 No. 4 1996, S. 172 f.

Seiten wesentlich geringere Chancen, die Teilung rückgängig zu machen.
Die Gefahr des Partisanenkrieges kann laut Kaufmann durch die Trennung
der Bevölkerung ebenso verhindert werden, da die hinter der Grenze ope-
rierenden Guerillaeinheiten, die auf die Unterstützung einer freundlich ge-
sonnen einheimischen Bevölkerung angewiesen seien, sich dann in einer
völlig feindlichen Umgebung befinden würden.

Durch die Siedlungsstruktur der Israelis in Palästina befinden sich die An-
hänger radikaler arabischer Organisationen direkt in heimischer Umgebung
und können stets auf die Unterstützung der Bevölkerung hoffen. Eine Befriedung des Gebietes kann nur durch einen Abbau jüdischer Siedlungen in
den besetzten Gebieten erreicht werden. Eine Taktik, die Barak nun umzusetzen versucht.

Eine unumschränkte Souveränität der neuen Staatsgebilde ist laut Kaufmann nicht unbedingt erforderlich. So könnten die ethnischen Gruppen
auch in einer Art Bundesstaat nach deutschem Vorbild zusammengefasst
werden.[429] Diese Regierungsstruktur müsste jedoch, wie der Fall BiH zeigt,
noch effektiver ausgebaut werden, um ethnisch motivierte Rivalitäten im
Vorfeld zu verhindern.

Eine Trennung der Volksgruppen kann nicht, gerade angesichts begange-
ner Massaker an der Zivilbevölkerung, zu einem schnellen Abbau des gegenseitigen Hasses führen.[430] Jedoch wird der Zivilbevölkerung die Angst
vor einem Angriff der feindlichen Ethnie durch die Reduzierung der größten Sicherheitsprobleme und die Chancen für eine Anfälligkeit für die Propaganda von Hypernationalisten genommen. Das einzige stärkere Mittel,
was dann noch bleibt, ist die Errichtung eines neuen politischen Systems
und einer „Entnazifizierung" wie in Deutschland nach dem Zweiten Weltkrieg. Die Kosten werden jedoch weitaus höher sein, das Land zu besetzen
und für Jahrzehnte dort zu verbleiben. Das Beispiel Deutschland aber hat
gezeigt, dass diese Methode der Veränderung der Gesellschaft funktioniert.

---

[429] Vgl. Makarenko in: Project on Ethnic Relations (Hrsg.): Interethnic relations in
Serbia/Yugoslavia; Internet, Stand: 16.12.1999.

In der Geschichte Großbritanniens konnte die Irlandfrage durch eine Trennung entschärft werden.[431] Nach der Gründung der katholischen, radikalen Partei des Sinn Féin, 1900, welche die völlige Unabhängigkeit ganz Irlands vom englischen Königreich forderte, kam es immer wieder zu Aufständen katholisch- und evangelischgläubiger Bevölkerungsteile.[432] 1921 trennte Großbritannien in einem Vertrag Irland, mit Ausnahme der zu zwei Dritteln protestantischen Grafschaft Ulster im Norden Irlands, als Freistaat vom Mutterland ab.[433] 94 Prozent Katholiken bilden nun in Irland eine einheitliche Siedlungsstruktur. Ein Konflikt konnte verhindert werden. Lediglich in Ulster kam es wiederholt zu Ausschreitungen zwischen beiden Glaubensrichtungen, von denen die Katholiken einen Anschluss an Irland und die Protestanten einen Verbleib bei Großbritannien forderten. Seit dem Einmarsch der britischen Truppen 1969 konnte noch keine Einigung erzielt werden. Erst die Gewaltverzichtserklärungen der Untergrundorganisationen Nordirlands 1994 lassen eine Lösung möglich erscheinen. Unterstützt wird dies durch die Schaffung eines eigenen Regionalparlamentes, das erst aufgrund breiter Mehrheiten, von jeder Religionspartei müssen 40 Prozent zustimmen, entscheiden kann.

Durch die Abtrennung eines Teils des irländischen Territoriums konnte die Tragweite und Schärfe des Konfliktes reduziert, wenn auch nicht vollends aufgehoben werden.

6.2. Schwächen des Minderheitenschutzes

Fraglich ist, ob der eingangs erwähnte Minderheitenschutz, ausreichend ist, um effektiv wirksam zu sein. Die Definition des Minderheitenbegriffs ist umstritten. In den einzelnen Staaten bestehen verschiedene Ansichten. In der Literatur wird häufig der Sonderberichterstatter der UN Sub-

---

[430] Vgl. Kaufmann in: International Security; Vol. 20 No. 4 1996, S. 173 f.
[431] Vgl. Bibliographisches Institut & F.A. Brockhaus AG (Hrsg.) Meyers Lexikon in drei Bänden; CD-ROM, Stichworte: Irland, Nordirland.
[432] Vgl. BpB (Hrsg.): Großbritannien; S. 12, 45-48.
[433] Vgl. Sturm: Staatsordnung und politisches System; in: Kastendiek (Hrsg.): Länderbericht Großbritannien, S. 186 f.

Commission on the Prevention of Discrimination and Protection of Minorities, Francesco Capotorti, zitiert, obwohl sich die Staaten nicht auf seine Formulierung einigen konnten:

> „A (minority is) a group numerically inferior to the rest of the population of a State, in a nondominant position, whose members – being nationals of the State – possess ethnic, religious or linguistic characteristics differing from those of the rest of the population and show, if only implicitly, a sense of solidarity, directed towards preserving their culture, traditions, religion or language."[434]

Eine Bevölkerungsgruppe muss somit regional oder gesamtstaatlich numerisch in der Minderzahl und einem starken Assimilierungsdruck ausgesetzt sein.[435] Ferner ist eine wirtschaftliche, kulturelle und soziale Unterlegenheit vonnöten. Durch das Ausüben einer bestimmten Religion oder den Gebrauch ihrer Minderheitensprache kann eine Gruppe ebenfalls zur Minderheit werden. Unter ethnischen Gesichtspunkten werden nicht nur rassische Merkmale berücksichtigt, sondern obige Voraussetzungen ebenfalls mit einbezogen. Objektive Faktoren wie Name, Abstammung und Sprache deuten darauf hin. Das letztlich gewichtigste Kriterium ist jedoch das subjektive. Die Mitglieder der Gruppe müssen sich auch zu ihr zugehörig fühlen und diese Ansicht nach außen tragen.

Während die UN sich bei ihren Entscheidungen auf religiöse, sprachliche, ethnische und nationale Minderheiten beziehen, erstreckt sich der Schutz in der OSZE und im Europarat nur auf nationale Minderheiten, die sich in bezug auf Volkstum und Herkunft vom Staatsvolk unterscheiden.[436] Der Schutz der sich aus der Einordnung als Minderheit ergeben sollte, ist ebenfalls sehr unterschiedlich.

---

[434] Capotorti zitiert nach: Niewerth: Der kollektive und der positive Schutz von Minderheiten und ihre Durchsetzung im Völkerrecht; S. 30 f.

[435] Vgl. Niewerth: Der kollektive und der positive Schutz von Minderheiten und ihre Durchsetzung im Völkerrecht; S. 32-49.

[436] Vgl. Studnitz in: Blumenwitz; Gornig (Hrsg.): Minderheiten- und Volksgruppenrechte in Theorie und Praxis; S. 17 f.

120

Der Völkerbund der Zwischenkriegszeit hatte ein detailliertes Verfahren zum internationalen Schutz der Minderheitenrechte entwickelt, das jedoch heute nicht mehr existiert.[437] Seit der Ratifikation des IPbpR kann jeder Mitgliedsstaat gem. Art. 41 und 42 auf Minderheitenkonflikte aufmerksam machen.[438] Das UN-Menschenrechtskomitee oder ihr Sonderberichterstatter kann dann in einem diplomatischen Schlichtungsprozess Lösungsvorschläge unterbreiten.[439] Dieses Verfahren steht auch jedem Individuum zu.[440] Eine juristische Instanz zur Durchsetzung einer Beendigung der Verletzungen der Minderheitenrechte existiert nicht. Eine ähnliche Verfahrensart besteht in der OSZE.[441] In den 1970er Jahren einigten sich die europäischen Staaten in der Konferenz für Sicherheit und Zusammenarbeit in Europa (KSZE) - ab 1995 OSZE - auf ein ausführliches Regelwerk zum Aufbau eines Minderheitenschutzsystems, das neben Menschenrechten und Grundfreiheiten auch spezielle Minderheitenrechte enthielt.[442] Diese KSZE-Dokumente, deren Inhalt aus allgemeingültigen Regeln auf der Grundlage der durch den Europarat beschlossenen EMRK besteht, sind jedoch ebenfalls nur auf politischer Ebene für die Unterzeichner verbindlich. Lediglich eine Verpflichtung der Teilnehmerstaaten zur Auskunftserteilung und in Krisenfällen die Möglichkeit der Vermittlung durch einen Hohen Kommissar, eine Beobachter- oder Expertenmission sind vorgesehen. Minderheiten können nur im Rahmen von NGOs am KSZE-Prozess mitwirken. Ein Beschwerdeverfahren existiert nicht. Im Europarat ist es ähnlich. Das Ministerkomitee des Rates erhält in regelmäßigen Abständen Berichte von jedem Unterzeichnerstaat. In den Aufgabenbereich der EU fällt der Minderheitenschutz auch nicht. Der Euro-

---

[437] Vgl. Despeux: Die Anwendung des völkerrechtlichen Minderheitenrechts in Frankreich; S. 150-159.
[438] Vgl. Zayas in: Blumenwitz; Mangoldt (Hrsg.): Fortentwicklung des Minderheitenschutzes und der Volksgruppenrechte in Europa; S. 135-139.
[439] Vgl. Steiner in: Blumenwitz; Gornig (Hrsg.): Minderheiten- und Volksgruppenrechte in Theorie und Praxis; S. 34-38.
[440] Vgl. BpB (Hrsg.): Menschenrechte; S. 66-70.
[441] Vgl. Bartsch: Minderheitenschutz in der internationalen Politik; S. 220-223, 225-234, 238, 246-251.
[442] Vgl. Bindschedler in: Europa – ein Kontinent im Wandel; S. 64.

päische Gerichtshof kann nur allgemeine Menschenrechte, die auch jedem anderen Staatsangehörigen zustehen, in einem Individualverfahren behandeln und nicht ausreichenden Schutz sicherstellen.

So lässt sich festhalten, dass in keiner internationalen Organisation ausreichende allgemeingültige Minderheitenrechte bestehen.[443] Die einzelnen Normen können zudem nicht juristisch eingeklagt werden.[444] Ebenso differieren die Verträge sowie Vereinbarungen in der Anzahl der Unterzeichner und dem Umfang des gebilligten Textes. Den Texten selbst fällt zumeist nur eine politische Bedeutung zu, da der Beitritt zu bestimmten Organisationen ein Zeichen für Pluralismus und Demokratie ist, welche die internationalen Beziehungen zwischen den Staaten erleichtern. Lediglich bilaterale Verträge, wie zum Beispiel die Abkommen Deutschlands mit Polen, Tschechien, Ungarn und Rumänien über die deutschen Minderheiten, besitzen eine völkerrechtliche Geltung, deren Einklagbarkeit jedoch wiederum nur schwer umzusetzen ist. An der entsprechenden Durchsetzungskraft fehlt es bei Möglichkeiten, wie die Gewährung von Territorialautonomie mit lokaler oder regionaler Selbstverwaltung bei räumlich begrenzten Minderheiten, Personalautonomie zur Wahrnehmung begrenzter staatlicher Aufgaben – vor allem im kulturellen Bereich - bei verstreut lebenden Gruppen und einer funktionellen Autonomie, wodurch ihnen bestimmte Rechte und Funktionen zur Wahrung ihrer Interessen übertragen werden.

„Mehrere europäische Staaten haben Volksgruppen innerhalb ihrer Grenzen, aber kein großes Interesse an grundlegenden und europaweit gültigen Rechten der ethnischen Minderheiten, schon gar nicht im Rahmen überstaatlicher Institutionen. Immer noch wird in den Staaten, die sich gerne Nationalstaaten nennen, eine ethnische Minderheit als etwas Feindliches, Staatsbedrohendes empfunden, statt als eine Bereicherung für die kulturelle Vielfalt und Heimatverbundenheit."[445]

---

[443] Vgl. Steiner in: Blumenwitz; Gornig (Hrsg.): Minderheiten- und Volksgruppenrechte in Theorie und Praxis; S. 29.
[444] Vgl. Studnitz: Ebenda; S. 22-25.
[445] Steiner: Ebenda; S. 30 f.

Diese Aussage Steiners aus europäischer Sicht, lässt sich ebenfalls auf den globalen Zusammenhang übertragen.[446] Nur durch ein geschlossenes Auftreten besitzt eine Staatengemeinschaft auch das nötige Potential, um ihre Forderungen durchsetzen zu können. Ein effektiver Minderheitenschutz existiert nicht.

6.3. Die Weiterentwicklung des Völkerrechtes

Eine humanitäre Intervention zur Herstellung einer umfassenden Sicherheit der Bevölkerung, die durch ethnische Bürgerkriege bedroht wird, ist durchführbar. Doch nur die internationale Gemeinschaft ist darauf vorbereitet zu erkennen, dass manche Staaten nicht mehr wiederhergestellt werden können und dass Bevölkerungsumsiedlungen manchmal notwendig erscheinen, da sie auf den ersten Blick einen schnellen Erfolg zu versprechen.[447] Schließlich besitzen die Politiker der westlichen Demokratien nicht nur eine eigene politische Pflicht, sondern auch eine Verantwortung gegenüber den Opfern dieser Bürgerkriege. Sicher ist es einfacher, Lösungsmöglichkeiten zu finden, die zu einem schnellen Ende der Kampfhandlungen führen oder im Vorfeld nicht entstehen lassen, als das Leben der eigenen Soldaten zu opfern, um fremde Menschenleben zu retten. Somit wäre die Zwangsumsiedlung einer Minderheit angesichts eines drohenden Völkermordes unumgänglich.

Bei Kaufmanns Theorie handelt es sich um einen Umsiedlungsvertrag, der durch einen Dritten, in diesem Fall der UN, geschlossen werden müsste. Eine Interventionsmacht ist aber lediglich dann dazu berechtigt, wenn ein Staat vollkommen zerfallen ist. Jedoch ist auch diese Möglichkeit äußerst umstritten. Zudem stellt diese Maßnahme im Hinblick auf das bestehende Völkerrecht ebenso eine Art der „ethnische Säuberung" dar und verstößt gegen das Selbstbestimmungsrecht der Völker. Die Alternative zur Umsiedlung ist die Gewährung von Minderheitenrechten, die eine bestimmte Volksgruppe, die in einer Region in der Unterzahl ist, politischen, sprach-

---

[446] Vgl. Bracher in: Frei (Hrsg.): Europa ein Kontinent im Wandel; S. 28.
[447] Vgl. Kaufmann in: International Security; Vol. 20 No. 4 1996, S. 174 f.

lichen und kulturellen Schutz seitens des Staates gewährt. Dieser kann jedoch nur dadurch gewährleistet werden, dass dieser Ethnie Privilegien im
Bildungswesen, bei den Behörden, in den Regierungsstrukturen und vielen
weiteren Punkten gewährt werden. Diese Maßnahme, wenn sie auf internationaler Ebene überhaupt umgesetzt werden kann, führt aber weder zur
Assimilierung noch zur vollständigen Integration. Bei der Abgrenzung des
Umsiedlungsbegriffes wurde schon einmal auf die Entstehung des Völkerrechts eingegangen. Neue Normen entstehen, indem sie von einigen Staaten angewandt und daraufhin von anderen gebilligt oder zumindest nicht
abgelehnt werden. Um neue, sinnvolle Regelungen zu finden, ist es notwendig, auch Möglichkeiten zu erörtern, die zur Zeit nicht vom Völkerrecht gedeckt werden, um sie später nach reiflicher Abwägung in die Praxis umzusetzen.

Da die Gewährung des Minderheitenschutzes auch keine Musterlösung zur
dauerhaften Befriedung ethnischer Konflikte darstellt, wird es sinnvoll,
fernab von völkerrechtlichen Bestimmungen, die politischen Aspekte für
eine Umsiedlung zu erörtern.

6.4. Fazit

Die Ergebnisse der ethnischen Trennung zeigen sich deutlich auf dem Balkan. Durch einen Eingriff in die jugoslawische Politik der 1980er Jahre
hätte der Aufbau von ethnischer Feindschaft gezügelt werden können. Jetzt
ist es zu spät. Das einzige, was die internationale Gemeinschaft nun tun
kann, ist, das Überleben der Muslime durch Sicherheitsgarantien und einer
verteidigungsfähigen Heimat zu gewährleisten. Im Sinne der Politik der
Schadensbegrenzung musste die Voraussetzung der ethnischen Trennung
zunächst hingenommen werden, um eine Befriedung der Region zu erreichen und eine spätere Rückkehr der Vertriebenen zu ermöglichen. Rückkehr vor Entschädigung, wie es das Völkerrecht vorschreibt, trägt jedoch
nicht zum Abbau der Aggression bei, sondern eher zur Wiederherstellung
alter Feindbilder, da die verschiedenen Ethnien wieder nach den vorangegangenen Grausamkeiten untereinander leben müssen. Falls man eine

124

Trennung als gegeben hinnimmt, sollte sie auch in der Konsequenz bei der Befriedung beachten und nicht in ihrer Wirkung aufweichen.

Konflikte beim Zerfall von Staaten können meist nur durch internationale Hilfe gelöst werden.[448] Kaufmann nennt in seiner Theorie als Grundvoraussetzung für einen dauerhaften Frieden die Beseitigung der Sicherheitsrisiken.[449] Die Trennung der Ethnien durch eine festgelegte Grenze in einheitlich besiedelte Gebiete grenzt die rivalisierenden Gruppen voneinander ab. Dadurch wird zwar kein Friede garantiert, die Anlässe zum Ausbruch weiterer Konflikte aber reduziert. Mit dem Einsatz einer internationalen Streitmacht kann die Sicherheit der Bevölkerung vor Massakern, Enteignungen oder Vertreibungen erhöht werden. Durch eine geordnete Umsiedlung könnte man Menschenleben retten. Hier versucht Kaufmann das völkerrechtliche Prinzip der Verhältnismäßigkeit auf seine Theorie anzuwenden. Der Erfolg der militärischen Intervention soll gegen die ansonsten befürchtete Verlustzahl aufgerechnet werden. Dem Proportionalitätsprinzip wird hingegen vorgeworfen, subjektiv zu sein und zu Missbräuchen zu führen.[450] Es kann ferner kein Freipass für unbegrenzte militärische Gewaltanwendung sein, da es die Beachtung der Interessen anderer Volksgruppen durch deren Unterdrückung ausschließt. Diese sogenannte „Martens'sche Klausel" zieht sich wie ein roter Faden durch die humanitären Völkerrechtskonventionen.

Dadurch, dass alle anderen Möglichkeiten zur Beilegung des Konfliktes keine Wirkung zeigen, ist es dennoch notwendig, über diese Art der Befriedung nachzudenken, deren Aufrechnung gegen die einzelnen Maßnahmen zwar nicht rechtens, doch erwägenswert erscheint, um eine Ethnie vor dem Untergang zu bewahren und ihr ein menschenwürdiges Leben in Freiheit zu ermöglichen, welches zwar das geschehene Unrecht in gewisser

---

[448] Vgl. Schindler in: Revue Egyptienne de droit International, 52/1996, S. 3.
[449] Vgl. Kaufmann in: International Security; Vol. 20 No. 4 1996, S. 151, 161.
[450] Vgl. Hess Die Anwendbarkeit des humanitären Völkerrechts, insbesondere in gemischten Konflikten; in: Schweizer Studien zum Internationalen Recht - Band 39; S. 72 f.

Weise legitimiert, aber dennoch erstrebenswerter erscheinen lässt, als weiterhin den Gräueltaten der feindlichen Ethnie ausgesetzt zu sein.

Fraglich ist, ob in diesem Zusammenhang es daher nicht zunächst notwendiger erscheint, Menschenleben zu retten und diese zu evakuieren, ob völkerrechtliche Regelungen ethisch höher zu bewerten sind, als das Recht auf Leben und körperliche Unversehrtheit. Die Praxis des Völkerrechts zeigt, dass eine Weiterentwicklung der Normen in den letzten Jahrzehnten stattfindet. Interventionen aus Gründen der Menschlichkeit gewinnen politisch und gesellschaftlich immer größeren Rückhalt. Weitere Konflikte werden zeigen, in welche Richtung sich das internationale Recht entwickeln wird. Vielleicht wird in absehbarer Zeit sich in einem weiteren Einzelfall die Frage stellen, wie sie im Bezug auf das ehemalige Jugoslawien von US-Wissenschaftlern gestellt wurde, ob eine Umsiedlung der Bevölkerung in Erwägung gezogen werden sollte.

7. Schlussbemerkungen

Wenn auch die äußerst gewalttätigen Begleiterscheinungen verhindert werden, so ist das Ergebnis doch dasselbe. Ethnisch „reine" Gebiete werden geschaffen. Aus diesem Grund wird die Theorie Kaufmanns weitgehend abgelehnt. In der Praxis konnte sie sich ebenfalls noch nicht bewähren.

Es gibt kein Vorbild für eine humane Umsiedlung. Bisher ist eine ordnungsgemäße Durchführung noch nicht gelungen.[451] Alle Versuche, welche die europäische Geschichte des vergangenen Jahrhunderts vor allem in den Zeiten nach den beiden Weltkriegen verdeutlicht, waren immer begleitet mit enormen Verlusten der umzusiedelnden Bevölkerungsteile. Es wird deshalb immer fraglich bleiben, ob diese überhaupt in humaner Art und Weise möglich ist.[452]

Die Behauptung, man müsse zur Herstellung der inneren Sicherheit eines Staates und des Weltfriedens Ethnien umsiedeln, berücksichtigt zudem nicht die Ursachen der Konflikte.[453] Erst durch eine nationalistische Politik durch Vertreter ihrer eigenen und der feindlichen Volksgruppen beginnen Ethnien die Zentralregierung abzulehnen und Eigenständigkeit zu fordern. Dieses Faktum ist die Grundlage für die Entstehung und Eskalation des Konfliktes.

> „Staaten und Völker, welche die Identität ganzer Volksgruppen und ethnischer Minderheiten in Frage stellen, welche die Existenz dieser Ethnien leugnen oder ihnen das Existenzrecht absprechen, brauchen sich nicht zu wundern, wenn das zwischenmenschliche Verhalten unfriedlich und von Aggressivität geprägt ist, wenn die `Liebe´ gewichen ist."[454]

Bevölkerungsumsiedlungen stellen daher eine Ausnahme der völkerrechtlichen Verträge dar. Die einzige, uneingeschränkt völkerrechtlich zulässige

---

[451] Vgl. Veiter: Nationalitätenkonflikt und Volksgruppenrecht im ausgehenden 20. Jh; S. 60.

[452] Vgl. Raschhofer: Das östliche Deutschland; S. 110.

[453] Vgl. Bülck in: Schlochauer (Hrsg.): Wörterbuch des Völkerrechts, S. 203 f.

128

Art der Umsiedlung ist die der freiwilligen Bevölkerungsmigration, die nicht auf vertraglicher Basis beruht. Optionsverträge, die zwar die Freiwilligkeit besonders unterstreichen, deren Umsetzung jedoch nicht lückenlos überwacht werden kann, werden nur eingeschränkt für zulässig erklärt.

Durch Bevölkerungsumsiedlungen, auch wenn sie human unter Aufsicht internationaler Kommissionen durchgeführt werden, kann jedoch noch größeres Leid verursacht werden. Ebenso kann man nicht die Bevölkerung zum ihrem eigenen Glück zwingen, indem man behauptet, eine Umsiedlung wäre besser für sie.

Daher bleibt festzuhalten, dass Kaufmanns Ansicht bisher nur im Rahmen von Diktaturen unter Außerachtlassung jeglicher internationaler Rechte umgesetzt werden kann.[455]

Seine Theorie zur Trennung von Bevölkerungsgruppen ist in dieser durchaus radikalen Art und Weise aufgrund des derzeitigen Völkerrechts nicht umsetzbar und löst in seiner derzeitigen Formulierung nur kurzzeitig die ethnischen Spannungen. So wird deutlich, dass sich die Staatsstrukturen BiHs unter dem Partikularismus der drei Ethnien weiter auseinander entwickeln und eine Souveränität von RS und FöBuH unabdingbar erscheint. Kaufmann setzt aber eine Souveränität zur ethnischen Trennung nicht unbedingt voraus. Jedoch wird die Thematik der Umsiedlung in der Wissenschaft bisher mit Ausnahme einiger Professoren an Universitäten der USA nicht in einem offenen Diskurs erörtert. Um über eine Umsetzung der Theorie in die Praxis nachzudenken, wäre noch ein langer wissenschaftlicher, politischer und gesellschaftlicher Dialog notwendig, der jedoch spätestens mit dem Ende des Zweiten Weltkrieges und den daraus resultierenden Folgen nur noch schwer zu führen sein wird.

Im Vorfeld kann die Anwendung der Theorie durchaus heute schon nützlich sein. So hätte der Konflikt zwischen Israelis und Palästinensern deut-

[454] Kotzian: Bobrowski, die Bukowina und Bilder einer Ausstellung; in: Ostdeutscher Kulturrat (Hrsg.): Kulturpolitische Korrespondenz 1070, S. 20.
[455] Vgl. Laqueur: Europa auf dem Weg zur Weltmacht; S. 550.

lich an Schärfe verloren, wenn jüdische Siedlungen im Westjordanland nicht zunehmend zu einem Sicherheitsproblem für beide Ethnien geworden wären.

Der Fall Quebec verdeutlicht jedoch, dass der Versuch der nachträglichen Abgrenzung der beiden Sprachgruppen zwar Wirkung zeigt, jedoch auch schwerwiegende Nachteile in sich birgt. Gutausgebildete, anglophone, junge Bevölkerungsteile verlassen die französische Provinz aufgrund ihrer Diskriminierung, um in den englischsprachigen Territorien Kanadas ungehindert zu arbeiten und zu leben.

Zwar ist Kaufmanns Theorie in den westlichen Demokratien undenkbar. Der Grundgedanke jedoch, dass getrennt lebende Ethnien als Lösungsansatz für Konflikte durchaus geeignet erscheinen, um Sicherheitsrisiken zu beseitigen, ist erwägenswert. Hierbei ist es jedoch nicht möglich, einen allgemeiner Handlungskatalog in bezug auf ethnische Konflikte zu entwikkeln. Bei der Verhütung und der Schlichtung muss immer die im Einzelfall für alle Volksgruppen beste Lösung herausgearbeitet werden. Dabei kann durchaus auch die Möglichkeit der Umsiedlung in bestimmten Situationen denkbar sein.

Um jedoch im Vorfeld eines Bürgerkrieges schnell agieren zu können, ist es notwendig, schnell und nachhaltig zu handeln. Wichtig ist es daher für die internationale Organisationen gemeinsam darüber nachzudenken, Präventivmaßnahmen zu intensivieren sowie die betroffenen Regierungen zu einem gerechten Ausgleich zwischen den Ethnien zu bewegen.

Folglich bleibt festzuhalten, dass das humanitäre Völkerrecht in bezug auf die Thematik der Befriedung ethnischer Konflikte am Beginn einer Entwicklung steht, die erst durch den Wegfall des Ost-West-Konfliktes immer dringlicher wurde. Die Erarbeitung eines Ergebnisses wird folglich aufgrund der globalen Bedeutung noch Jahrzehnte in Anspruch nehmen und von der Kompromissbereitschaft der Mitgliedstaaten internationaler Organisationen abhängig sein.

Eine Aussage Kaufmanns ist jedoch von zentraler Bedeutung und allgemein gültig: Wenn erst ein Konflikt ausgebrochen ist, kann ein gerechter Ausgleich nicht mehr erzielt werden.

Literaturverzeichnis

Primärquellen

Auswärtiges Amt (Hrsg.) — *Deutsche Außenpolitik 1995. Auf dem Weg zu einer Friedensregelung für Bosnien und Herzegowina* Bonn, 1998

Auswärtiges Amt (Hrsg.) — *Programmrede des Vorsitzenden des Rates der Europäischen Union Bundesaußenminister Joschka Fischer vor dem Europäischen Parlament in Straßburg am 12. Januar 1999* Bonn, 1999

Auswärtiges Amt (Hrsg.) — *Gemeinsame Außen- und Sicherheitspolitik der Europäischen Union (GASP)* Bonn, 1994

Auswärtiges Amt (Hrsg.) — *Außenpolitik der Bundesrepublik Deutschland. Dokumente von 1949 bis 1994* Köln, 1995

Birnbaum, Norman (Hrsg.) — *Dokumente zum Zeitgeschehen* in: Birnbaum, Norman u.a. (Hrsg.): Blätter für deutsche und internationale Politik Bonn, 5/1999, S. 611 - 640

Bundesministerium der Verteidigung (Hrsg.) — *Weißbuch 1994* Bonn, 1994

Bundeszentrale für politische Bildung (Hrsg.) — *Menschenrechte. Dokumente und Deklarationen* 2. Auflage, Bonn, 1995

132

Buschmann, Arno (Hrsg.)   *Kaiser und Reich. Klassische Texte zur Verfassungsgeschichte des Heiligen Römischen Reiches Deutscher Nation vom Beginn des 12. Jahrhunderts bis zum Jahre 1806*
München, 1984

Churchill, Winston   *Reden - Band V*
Zürich, 1950

Deutscher Bundestag (Hrsg.)   *Plenarprotokoll 12/240*
Bonn, 1994

Hitler, Adolf   *Mein Kampf*
557. Auflage, München, 1940

Hofer, Walter (Hrsg.)   *Der Nationalsozialismus. Dokumente 1933 - 1945*
Frankfurt am Main, 1990

Internationaler Militärgerichtshof (Hrsg.)   *Der Prozeß gegen die Hauptkriegsverbrecher vor dem Internationalen Militärgerichtshof - Band 1*
Nürnberg, 1947

Jacobsen, Hans-Adolf   *Der Zweite Weltkrieg in Chronik und Dokumenten*
Darmstadt, 1959

Katholische Bibelanstalt (Hrsg.)   *Die Bibel. Einheitsübersetzung*
Stuttgart, 1980

Klose, Hans-Ulrich   *Zum Kosovo-Konflikt*
Schreiben an den Verfasser
Bonn, 22. 04. 1999

Mosche, Dajan   *Die Mission meines Lebens. Bericht über die ägyptisch-israelischen Friedensverhandlungen*
München, 1981

Münchner Konferenz für
Sicherheitspolitik (Hrsg.)

Rede des U.S.-Verteidigungsministers
William S. Cohen bei der XXXV. Münch-
ner Sicherheitskonferenz
München, 1999

Münchner Konferenz für
Sicherheitspolitik (Hrsg.)

Rede des Präsidenten des Instituts des
Chinesischen Volkes für Auswärtige
Angelegenheiten, Mei Zhaorong, bei der
XXXV. Münchner Sicherheitskonferenz
München, 1999

Naumann, Klaus

Die NATO auf dem Weg ins 21. Jahr-
hundert
Berlin, 1999

Peres, Shimon

Shalom. Erinnerungen
Stuttgart, 1995

Randelzhofer, Albrecht (Hrsg.)

Völkerrechtliche Verträge
7. Auflage, Berlin, 1995

Siekmann, Robert (Hrsg.)

Documents. Further developments
regarding ex-Yugoslavia
in: International Peacekeeping
Frankfurt am Main, October- November
1995, S. 147 - 154

United Nations (Hrsg.)

Yearbook of the United Nations 1946/47
New York, 1947

Weizmann, Chaim

Das Werden des Staates Israel
Zürich, 1953

134

Sekundärquellen

Achermann, Alberto	*Die völkerrechtliche Verantwortlich-keit fluchtverursachender Staaten* Baden-Baden, 1997
Arendt, Hannah	*On Violence* New York, 1970
Auswärtiges Amt (Hrsg.)	*Deutsche Außenpolitik 1997* Bonn, 1998
Auswärtiges Amt (Hrsg.)	*25 Jahre deutsche Beteiligung an friedenserhaltenden Maßnahmen der Vereinten Nationen* Bonn, 1998
Bartl, Peter	*Grundzüge der Jugoslawischen Geschichte* Darmstadt, 1985
Bartsch, Sebastian	*Minderheitenschutz in der internationalen Politik* Opladen, 1995
Bathe, Rolf; Glodschey, Erich	*Der Kampf um den Balkan* Oldenburg - Berlin, 1942
Becker, Astrid	*Der Tatbestand des Verbrechens gegen die Menschlichkeit Berlin, 1996*
Benz, Wolfgang (Hrsg.)	*Die Vertreibung der Deutschen aus dem Osten. Ursachen, Ereignisse, Folgen* aktualisierte Neuausgabe Frankfurt am Main, 1995
Billing, Peter	*Der Bürgerkrieg in Jugoslawien* Frankfurt am Main, 1992

Blumenwitz, Dieter (Hrsg.)   *Flucht und Vertreibung. Vorträge eines Symposiums* München, 1987

Blumenwitz, Dieter; Gornig, Gilbert (Hrsg.)   *Minderheiten- und Volksgruppenrechte in Theorie und Praxis* Bielefeld, 1993

Blumenwitz, Dieter; Mangoldt, Hans von (Hrsg.)   *Fortentwicklung des Minderheiten-schutzes und der Volksgruppenrechte in Europa* Bielefeld, 1992

Böddeker, Günter   *Die Flüchtlinge. Die Vertreibung der Deutschen im Osten* 3. Auflage, Berlin, 1997

Brown, J. F.   *Das neue Osteuropa* Köln, 1967

Bundesministerium der Verteidigung (Hrsg.)   *Hintergrundinformationen zum Einsatz der Internationalen Staatengemein-schaft im Kosovo und Beteiligung der Bundeswehr* Bonn, 1998

Bundesministerium der Verteidigung (Hrsg.)   *Beteiligung der Bundeswehr an den Maßnahmen zum Schutz und zur Unterstützung des Schnellen Einsatz-verbandes im ehemaligen Jugoslawien* Bonn, 1995

Bundesministerium der Verteidigung (Hrsg.)   *Informationen zum deutschen Beitrag bei der militärischen Absicherung des Friedensvertrages im ehemaligen Ju-goslawien* Bonn, 1996

Bundesministerium der Verteidigung (Hrsg.)   *Folgeoperation SFOR* Bonn, 1998

Bundeszentrale für politische Bildung (Hrsg.)	*Sicherheitspolitik* Bonn, 1993
Bundeszentrale für politische Bildung (Hrsg.)	*Das Ende Jugoslawiens* Beilage zu den Informationen zur politischen Bildung, München, 1996
Bundeszentrale für politische Bildung (Hrsg.)	*Das Ende Jugoslawiens* Beilage zu den Informationen zur politischen Bildung, München, 1992
Bundeszentrale für politische Bildung (Hrsg.)	*Geschichte des jüdischen Volkes* Informationen zur politischen Bildung, München, 1991
Bundeszentrale für politische Bildung (Hrsg.)	*Großbritannien* Informationen zur politischen Bildung München, 1999
Bundeszentrale für politische Bildung (Hrsg.)	*Israel* Informationen zur politischen Bildung, München, 1995
Buy, F.H.E.W. du	*Das Recht auf Heimat im historisch-politischen Prozeß* Euskirchen, 1974
Calic, Marie-Janine	*Krieg und Frieden in Bosnien-Hercegovina* Frankfurt am Main, 1996
Cook, Ramsay	*Canada, Québec and the uses of Nationalism* 2. Auflage, Toronto, 1995
Dam, Hendrik G. van	*Die Unverjährbarkeit des Völkermordes* Mainz, 1969

Despeux, Gilles

Die Anwendung des völkerrechtlichen
Minderheitenrechts in Frankreich
Frankfurt – Berlin – Bern – Bruxelles –
New York – Wien, 1999

Deuerlein, Ernst

Deklamation oder Ersatzfrieden?
Die Konferenz von Potsdam 1945
Mainz, 1970

Dougall, Jill Mac

Performing Identities
on the Stages of Quebec
New York, 1997

Eger, Thomas

Das regionale Entwicklungsgefälle
in Jugoslawien
Paderborn, 1980

Eibl-Eibesfeldt, Irenäus

Die Biologie des menschlichen
Verhaltens. Grundriß der Human-
ethologie
2. Auflage, München - Zürich, 1986

Europa Publication (Hrsg.)

The Europa World Year Book
Volume I
London, 1998

Fiedler, Wilfried

Internationaler Kulturgüterschutz
und deutsche Frage
Berlin, 1991

Flohr, Anne Katrin

Feindbilder in der internationalen
Politik. Ihre Entstehung und ihre
Funktionen
Bonn, 1991

Frei, Bruno

Israel zwischen den Fronten
Wien, 1965

Frei, Daniel (Hrsg.)

Europa – ein Kontinent im Wandel
Zürich, 1980

138

Gaisbacher, Johannes — *Krieg in Europa. Analysen aus dem ehemaligen Jugoslawien* Frankfurt am Main, 1992

Geiger, Rudolf — *Grundgesetz und Völkerrecht* 2. Auflage, München, 1994

Giordano, Ralph — *Israel. Um Himmelswillen Israel* Köln, 1991

Green, Richard — *The Commonwealth Yearbook 1999* London, 1999

Heckel, Martin — *Deutschland im konfessionellen Zeitalter* Göttingen, 1983

Heintze, Hans-Joachim — *Selbstbestimmungsrecht und Minderheitenrechte im Völkerrecht* Baden-Baden, 1994

Heisenberg, Wolfgang; Lutz, Dieter S. (Hrsg.) — *Sicherheitspolitik kontrovers* Bonn, 1990

Ipsen, Knut — *Völkerrecht* 3. Auflage, München, 1990

Isensee, Josef; Kirchhof, Paul (Hrsg.) — *Handbuch des Staatsrechts der Bundesrepublik Deutschland* Heidelberg, 1992

Kaiser, Karl; Schwarz, Hans-Peter (Hrsg.) — *Die neue Weltpolitik* Bonn, 1995

Kastendiek, Hans; Rohe, Karl; Volle, Angelika (Hrsg.) — *Länderbericht Großbritannien* Bonn, 1994

Kempf, Udo (Hrsg.) — *Quebec. Wirtschaft – Gesellschaft - Politik* Hagen, 1999

139

Kerr, Donald; Holdsworth, Deryck W. *Historical Atlas of Canada - Volume*
(Hrsg.)   *III*
                                             London, 1996

Kimminich, Otto   *Recht auf die Heimat*
                                             2. Auflage, Bonn, 1979

Kimminich, Otto   *Der internationale Rechtsstatus des*
                                             Flüchtlings
                                             Köln- Bonn - Berlin - München, 1962

Kimminich, Otto   *Das Recht auf die Heimat –*
                                             Ein universelles Menschenrecht
                                             Bonn, 1996

Kinder, Herrmann; Hilgemann, Werner *dtv-Atlas zur Weltgeschichte*
                                             26. Auflage, München, 1992

Klodnyckyj, Darin Sas de   *Referat zum Thema:*
                                             Völkerrechtliche Würdigung von
                                             Zwangsumsiedlungen
                                             und Vertreibungen
                                             Göttingen, 1992

Kroner, Michael   *Nationale Minderheiten in*
                                             Südosteuropa
                                             Wien, 1992

Kulturstiftung der deutschen Vertrie-   *Minderheitenschutz im östlichen*
benen (Hrsg.)   *Europa - Band 5*
                                             Bonn, 1996

Laqueur, Walter   *Europa auf dem Weg zur Weltmacht.*
                                             1945 -1992
                                             München, 1992

Lemberg, Eugen   *Nationalismus I.*
                                             Psychologie und Geschichte
                                             Stuttgart, 1967

Lemberg, Eugen (Hrsg.)

Die Vertriebenen in Westdeutschland - Band I
Kiel, 1959

Libal, Wolfgang

Das Ende Jugoslawiens
Wien, 1993

Luchterhandt, Otto

Nationale Minderheiten und Loyalität
Köln, 1997

Mangoldt, Hans von; Rittberger, Volker (Hrsg.)

Band I - Das System der Vereinten Nationen
München, 1995

Marko, Joseph

Der Minderheitenschutz in den jugoslawischen Nachfolgestaaten
Bonn, 1996

Morokvasic, Mirijana

Krieg, Flucht und Vertreibung im ehemaligen Jugoslawien
Berlin, 1993

Munzinger, Ludwig (Hrsg.)

Internationales Handbuch - Zeitarchiv
Loseblattsammlung
Stichwort: *Jugoslawien*, 1985 - 1995
Stand: 21/96

Niewerth, Johannes

Der kollektive und der positive Schutz von Minderheiten und ihre Durchsetzung im Völkerrecht
Berlin, 1996

O' Brien, Connor Cruise

Belagerungszustand. Die Geschichte des Staates Israel und des Zionismus
Wien, 1988

Opitz, Peter J. (Hrsg.)

Weltprobleme
4. Auflage, Bonn, 1995

Oswald, Ingrid

Nationalitätenkonflikte im östlichen Teil Europas
Berlin, 1993

Pauer, Alexander

Die humanitäre Intervention
Basel - Frankfurt am Main, 1985

Presse- und Informationsamt
der Bundesregierung (Hrsg.)

Zu Einsätzen der Bundeswehr im
Rahmen kollektiver Sicherheitssysteme
Bonn, 1996

Presse- und Informationsamt der Bundesregierung (Hrsg.)

Jahresbericht der Bundesregierung
1995
Bonn, 1995

Presse- und Informationsamt der Bundesregierung (Hrsg.)

Jahresbericht der Bundesregierung
1996
Bonn, 1996

Rabl, Kurt (Hrsg.)

Das Recht auf Heimat.
1. Fachtagung - Band I
München, 1958

Raschhofer, Hermann

Das östliche Deutschland
Würzburg, 1959

Razumovsky, Dorothea

Chaos Jugoslawien
München, 1991

Rechenberg, Hans

Die aktuelle Gerichtsentscheidung. Die
verfassungsrechtliche Zulässigkeit des
Einsatzes der Bundeswehr im Rahmen
eines internationalen Systems gegen-
seitiger kollektiver Sicherheit
Wissenschaftliche Dienste des Deutschen Bundestages, Bonn, Nr. 10/94

Redinger, Viviane

Referat zum Thema: Völkerrechtliche
Würdigung von Sprachverboten,
Arbeitsverboten und Zwangsarbeit
Göttingen, 1992

Redslob, Robert

Abhängige Länder
Leipzig, 1914

Richler, Mordecai

Oh Canada! Oh Quebec!
Requiem for a devided country
Toronto, 1992

Rothfuchs, Hermann

Referat zum Thema: Völkerrechtliche
Würdigung des Palästinenserproblems
Göttingen, 1992

Rullmann, Hans Peter

Krisenherd Balkan
Hamburg, 1989

Schaumann, Wilfried

Völkerrechtliches Gewaltverbot
und Friedenssicherung
Baden-Baden, 1971

Schlochauer, Hans-Jürgen (Hrsg.)

Wörterbuch des Völkerrechts
Berlin, 1960

Schulte, Martin

Ethnospezifische Sozialräume
in Québec/Kanada
Marburg, 1988

Schultz, Marcus

Die Auslandsentsendung von
Bundeswehr und Bundesgrenzschutz
zum Zwecke der Friedenswahrung und
Verteidigung
Frankfurt am Main, 1998

Seidl-Hohenveldern, Ignaz

Völkerrecht
8. Auflage, Köln -Berlin - Bonn -
München, 1994

Sethe, Paul

Schicksalsstunden der Weltgeschichte
7. Auflage, Frankfurt am Main, 1952

Shaw, Malcom N.

International Law
3. Auflage, Cambridge - New York -
Melbourne, 1995

Simma, Bruno (Hrsg.)

Charta der Vereinten Nationen.
Kommentar
München, 1991

143

Sontheimer, Kurt (Hrsg.) *Israel*
München, 1968

United Nations (Hrsg.) *The United Nation and Human Rights*
New York, 1995

Unser, Günther *Die UNO*
6. Auflage, Frankfurt am Main, 1997

Unser, Günther; Wimmer, Michaela *Die Vereinten Nationen*
Bonn, 1996

Veiter, Theodor *Nationalitätenkonflikt und Volksgruppenrecht im ausgehenden 20. Jahrhundert - Band I*
2. Auflage, München, 1984

Veiter, Theodor (Hrsg.) *25 Jahre Flüchtlingsforschung - Band 10*
Wien, 1975

Weidenfeld, Werner (Hrsg.) *Demokratie und Marktwirtschaft in Osteuropa*
Bonn, 1995

Wengler, Wilhelm *Völkerrecht - Band II*
Berlin, 1964

Wolffsohn, Michael *Politik in Israel*
Opladen, 1983

Wolffsohn, Michael; Bokovoy, Douglas *Israel*
4. Auflage, Opladen, 1995

Wolfrum, Rüdiger *Handbuch Vereinte Nationen*
München, 1991

Young, Robert A. *The secession of Quebec and the future of Canada*
Montreal - London - Buffalo, 1995

Aufsätze und Zeitungsartikel

Augstein, Rudolf (Hrsg.)

DER SPIEGEL
Hamburg, Ausgaben: 13/1999,
14/1999, 15/1999, 16/1999, 17/1999,
18/1999, 21/1999, 22/1999, 25/1999,
26/1999, 32/1999, 38/1999, 44/1999,
Jahresrückblick 1999

Bähr, Biner Kurt Winkholm

*Völkerrechtliche Verpflichtungen
Deutschlands im Rahmen eines
kollektiven Sicherheitssystems der
Vereinten Nationen*
in: Dau, Klaus; Steinhammer, Armin
A. (Hrsg.): Neue Zeitschrift für Wehr-
recht;
Bonn, 5/1994, S. 184 - 194

Benoist, Alain de

*Kosovo und Kurdistan: Das Spiel der
USA. Eigene Interessen*
in: Junge Freiheit Verlag GmbH
(Hrsg.): Junge Freiheit; Berlin, 12/99,
S. 2

Binder, David

*Wo schon vier Großmächte sich
die Finger verbrannten*
in: Birnbaum, Norman u.a. (Hrsg.):
Blätter für deutsche und internationale
Politik;
Bonn, 4/1999, S. 423 - 424

Burda, Hubert (Verleger)

*FOCUS.
Das moderne Nachrichtenmagazin*
Offenburg, Ausgaben: 13/1999,
18/1999, 19/1999, 23/1999, 47/1999

Dau, Klaus

*Parlamentsheer unter dem Mandat
der Vereinten Nationen*
in: Dau, Klaus; Steinhammer, Armin
A. (Hrsg.): Neue Zeitschrift für Wehr-
recht;
Bonn, 1994 Heft 5, S. 177 - 183

145

Debiel, Tobias

*Not und Intervention in einer Welt des
Umbruchs zu Imperativen und Fall-
stricken humanitärer Einmischung*
in: BpB (Hrsg.):
Aus Politik und Zeitgeschichte;
Bonn, 09. 08. 1996, S. 29 – 38

Debiel, Tobias

Katastrophe im Kosovo
in: Birnbaum, Norman u.a. (Hrsg.):
Blätter für deutsche und internationale
Politik;
Bonn, 5/1999, S. 539 - 547

Denison, Andrew

*Nach Karlsruhe erst recht! Die
Notwendigkeit von „out-of-area"-
Einsätzen*
in: Verlag E.S. Mittler & Sohn GmbH
(Hrsg.): Europäische Sicherheit;
Hamburg, 9/94, S. 45 - 447

Dörr, Oliver

Die Vereinbarungen von Dayton/Ohio
in: Kimminich, Otto u.a. (Hrsg.):
Archiv des Völkerrechts;
Band 35/2, Tübingen, 1997, S.129 -
180

Engel, Hans-Ulrich

Es geht um das ostdeutsche Kulturerbe
in: Ostdeutscher Kulturrat (Hrsg.):
Kulturpolitische Korrespondenz 1070;
Bonn, 5. März 1999, S. 9 - 10

Feldmeyer, Karl

*Die Nato vor dem ersten Schritt in
einem aus drei Teilen bestehenden
Mobilisierungsprozeß*
in: Jeske, Jürgen u. a. (Hrsg.):
Frankfurter Allgemeine Zeitung;
Frankfurt am Main, 24.09.98, S. 2

Fibich, Holger

Auslandseinsätze der Bundeswehr
in: Gerhardt, Rudolf (Hrsg.):
Zeitschrift für Rechtspolitik;
Frankfurt am Main, 1/1993, S. 5 - 9

146

Funk, Werner (Hrsg.)

Stern
Hamburg, Ausgaben: 14/99, 37/99

Funke, Manfred

Friedenspolitik ohne Königsweg
in: BpB (Hrsg.):
Aus Politik und Zeitgeschichte;
Bonn, 09. 08. 1996, S. 10 – 18

Gerz, Wolfgang

Nationales Interesse als politische Maxime
in: BMVg (Hrsg.): Reader Sicherheitspolitik;
Bonn, 8/98, S. 57 – 72

Giersch, Carsten

Der Jugoslawienkonflikt als Testfall europäischer Sicherheit
in: BpB (Hrsg.):
Aus Politik und Zeitgeschichte;
Bonn, 11. 07. 1997, S. 26 – 38

Glinski, Gerhard von

Mühlstein Balkan
in: Roegele, Otto B. u.a. (Hrsg.):
Rheinischer Merkur;
Bonn, 30.07.1999, S. 1

Heraclides, Alexis

Secession, Self Determination and Nonintervention - In Quest of a Normative Symbiosis;
in: Columbia University (Hrsg.)
Journal of International Affairs;
New York, 1992, S. 411

Hess, Martin

Die Anwendbarkeit des humanitären Völkerrechts, insbesondere in gemischten Konflikten
in: Schweizerische Vereinigung für internationales Recht (Hrsg.):
Schweizer Studien zum Internationalen Recht - Band 39;
Zürich, 1985

Hitzeroth, Wolfram (Hrsg.)

Oberhessische Presse. Unabhängige und überparteiliche Tageszeitung für den Kreis Marburg-Biedenkopf, Marburg, 06.10.1999, S. 13

Hoppe, Hans-Joachim

Die russische Balkan-Politik in: Wettig, Gerhard (Hrsg.): Außenpolitik; Köln, 1/98, S. 44 - 52

Hupka, Herbert

Die Buchbesprechung Ther, Philipp: Deutsche und polnische Vertriebene. Gesellschaft und Vertriebenenpolitik in der SBZ/DDR und in Polen 1945 - 1956 in: Ostdeutscher Kulturrat (Hrsg.): Kulturpolitische Korrespondenz 1067; Bonn, 5. Februar 1999, S. 9 – 11

Jeske, Jürgen u. a. (Hrsg.)

Frankfurter Allgemeine Zeitung Frankfurt am Main, 05.01.2000, S. 1 f.

Kaufmann, Chaim

Possible and Impossible Solutions to Ethnic Civil Wars in: Center for Science and International Affairs (Hrsg.): International Security; Cambridge, 4/1996, S. 136 – 175

Kotzian, Otfried

Bobrowski, die Bukowina und Bilder einer Ausstellung in: Ostdeutscher Kulturrat (Hrsg.): Kulturpolitische Korrespondenz 1070; Bonn, 5. März 1999, S. 19 – 21

Manousakis, Gregor M.

Vor einem Dritten Balkankrieg? in Verlag E.S. Mittler & Sohn GmbH (Hrsg.): Europäische Sicherheit; Hamburg, 1/1994, S. 21 - 23

148

Matthies, Volker

Vom reaktiven Krisenmanagement zur präventiven Konfliktbearbeitung?
in: BpB (Hrsg.):
Aus Politik und Zeitgeschichte;
Bonn, 09. 08. 1996, S. 19 - 28

Pappe, Ilan

*Von Lausanne nach Oslo.
Zur Geschichte des
israelisch-palästinensischen Konflikts*
in: BpB (Hrsg.):
Aus Politik und Zeitgeschichte;
Bonn, B 14/98, S. 3 - 10

Prinz, Friedrich

*Sudetendeutsche und Tschechen. Über
die Schwierigkeiten der Verständigung*
in: Rüther, Günther (Hrsg.):
Zeitschrift zur politischen Bildung;
Bonn, 4/98, S. 14 - 20

Reljic, Dusan

Rambouillet, serbische Aspekte
in: Birnbaum, Norman u.a. (Hrsg.):
Blätter für deutsche und internationale
Politik;
Bonn, März/1999, S. 285 - 288

Reuter, Jens

Wer ist die UCK?
in: Birnbaum, Norman u.a. (Hrsg.):
Blätter für deutsche und internationale
Politik;
Bonn, März/1999, S. 281 – 285

Roellecke, Gerd

*Bewaffnete Auslandseinsätze - Krieg,
Außenpolitik oder Innenpolitik?*
In: Böckenförde, Ernst-Wolfgang u.a.
(Hrsg.): Der Staat; Bonn, 34 Band,
1995 Heft 3,
S. 415 – 428

149

Roßbach, Anton	*Spürbare Enttabuisierung* zu: Deutsch-tschechische Erklärung, Deutsch-tschechischer Zukunftsfonds, Deutsch-tschechisches Gesprächsforum in: Rüther, Günther (Hrsg.): Zeitschrift zur politischen Bildung; Bonn, 4/98, S. 74 – 78
Rüb, Matthias	*In Bosnien wird es der Westen künftig noch schwerer haben als bisher* in: Jeske, Jürgen u. a. (Hrsg.): Frankfurter Allgemeine Zeitung; Frankfurt am Main, 28.09.98, S. 10
Rühl, Lothar	*Operation Leopardenfell?* in: Jeske, Jürgen u. a. (Hrsg.): Frankfurter Allgemeine Zeitung; Frankfurt am Main, 15.04.1999, S. 15
Rushdie, Salman	*Träumt nicht in Nachkriegszeiten* in: Springer, Axel (Verleger bis 1985): Die Welt, Berlin, 11.08.99, S. 11
Rybnícek, Richard	*Die Slowakei auf dem Weg zur Konsolidierung der Demokratie* in: Thesing, Josef (Hrsg.): KAS/ Auslandsinformationen; Sankt Augustin, 06/99, S. 84 - 88
Saalfeld, Michael	*Die Entwicklung rechtlicher Bedingungen für militärische Einsätze im VN-Rahmen* in: Dau, Klaus; Steinhammer, Armin A. (Hrsg.): Neue Zeitschrift für Wehrrecht; Bonn, 4/1994, S. 147 - 151

150

Schindler, Dietrich

*The Protection of Human Rights and
Humanitarian Law in Case of
Desintegration of States*
in: The Egyptian Society of
International Law (Hrsg.):
Revue Egyptienne de droit
International;
Kairo, 52/1996, S. 2 - 35

Schmidt, Martin

*Die Buchbesprechung
Verbrechen an den Deutschen in
Jugoslawien 1944 - 1948. Stationen
eines Völkermords*
in: Ostdeutscher Kulturrat (Hrsg.):
Kulturpolitische Korrespondenz 1078;
Bonn, 5. Juni 1999, S. 4 – 6

Siekmann, Robert (Hrsg.)

Chronicle of Events
in: Institute of Public Law (Hrsg.): International Peacekeeping;
Frankfurt am Main, October-November
1995, S. 147 – 154

Staack, Michael

*Großmacht oder Handelsstaat?
Deutschlands außenpolitische
Grundorientierungen in einem neuen
internationalen System*
in: BpB (Hrsg.):
Aus Politik und Zeitgeschichte;
Bonn, 13. 03. 1998, S. 14 - 24

Stamm, Barbara

*Historische Nachbarn
als europäische Partner*
in: Rüther, Günther (Hrsg.):
Zeitschrift zur politischen Bildung;
Bonn, 4/98, S. 57 - 61

Stingl, Josef

*Die Gesinnungsgemeinschaften in der
Sudetendeutschen Landsmannschaft*
in: Rüther, Günther (Hrsg.):
Zeitschrift zur politischen Bildung;
Bonn, 4/98, S. 21 - 25

Stratmann, Klaus-Peter · *Gemeinsam klare Vorgaben setzen*
in: BMVg (Hrsg.):
Information für die Truppe;
Bonn, Dezember 1996

Verband der Reservisten der Deut-   *loyal. Das deutsche Wehrmagazin*
schen Bundeswehr e.V. (Hrsg.)   Bonn, Ausgaben: 9/99, 10/99

Wolffsohn, Michael   *50 Jahre Israel: Versuch*
einer historischen Bilanz
in: BpB (Hrsg.):
Aus Politik und Zeitgeschichte;
Bonn, B 14/98, S. 3 - 10

Zeitverlag Gerd Bucerius GmbH & Co.   *DIE ZEIT. Wochenzeitschrift für*
(Hrsg.)   *Politik, Wirtschaft, Wissen und Kultur*
Hamburg, 22.04.1999.

Zumach, Andreas   *Dayton - kein Synonym für Frieden*
in: Deutsche Gesellschaft für die
Vereinten Nationen (Hrsg.): Vereinte
Nationen;
Bonn, 1/1997, S. 9 – 14

CD-Rom und Internet

Haviv, Ron (Hrsg.)   *Ethnic cleansing*
Online in Internet:
http://www.igc.apc.org/balkans/ethnicl
.html
Stand: 14.01.2000

Beauftragter der Bundesregierung für   *Wochenberichte zur*
Flüchtlingsrückkehr, Wiedereingliede-   *Flüchtlingsrückkehr*
rung und rückkehrbegleitenden Wie-   Online in Internet:
deraufbau in BiH: http://www.bbs.bund.de/
Koschnik, Hans (Hrsg.)   aktuelle_wochenberichte.htm
Stand: 16.12.1999

Koschnik, Hans (Hrsg.)

Monatsberichte zur
Flüchtlingsrückkehr
Online in Internet:
http://www.bbs.bund.de/
monatindex.html
Stand: 16.12.1999

Koschnik, Hans (Hrsg.)

Pressemitteilungen
Online in Internet:
http://www.bbs.bund.de/
pressemitteilungen.html
Stand: 16.12.1999

Bertelsmann Lexikon Verlag GmbH
(Hrsg.)

Bertelsmann Lexikon Geschichte
Gütersloh - München, 1993

Bibliographisches Institut & F.A.
Brockhaus AG (Hrsg.)

Meyers Lexikon in drei Bänden
in: LexiROM; Mannheim, 1995

BMVg (Hrsg.)

SFOR
Online in Internet:
http://www.bundeswehr.de/
sicherheitspolitik/sfor-ein-
satz/folge_99/01/3_0-2.html#3.2
Stand:16.12.1999

BMVg (Hrsg.)

Auftrag Frieden. 50 Jahre NATO
Bonn, 2/1999

BPA (Hrsg.)

Verantwortung für Frieden und
Freiheit. Eine Textsammlung zur
Sicherheitspolitik der Bundesrepublik
Deutschland von 1949 - 1999
Bonn, 1/1999

Bund der Vertriebenen (Hrsg.)

Charta der Vertriebenen
Online in Internet:
http://www.bund-der-vertriebenen.de/
Stand: 14.01.2000

CNN Europe (Hrsg.)

Bosnian ethnic separation continues in classrooms, 16. Oktober 1997
Online in Internet:
http://europe.cnn.com/WORLD/9710/1 6/bosnia/bosnia.htm
Stand: 20.12.1999

Government of Republic of Croatia (Hrsg.)

WHITE PAPER on the Cooperation with the International Tribunal for the Prosecution of Persons Responsible for Serious Violations of International Humanitarian Law Committed in the Territory of the Former Yugoslavia since 1991
Zagreb, September 1999
Online in Internet:
http://www.vlada.hr/english/ ICTYtext.htm
Stand: 20.12.1999

Project on Ethnic Relations (Hrsg.)

Interethnic relations in Serbia/Yugoslavia: Alternatives for the future
New York, 1993
Online in Internet:
http://www.websp.com/~ethnic/new/ intre_se.htm
Stand: 16.12.1999

UNIC (Hrsg.)

UNO
Online in Internet:
http://www.uno.de
Stand: 16.12.1999

Yahoo Deutschland (Hrsg.)

Nahostnachrichten
Online in Internet:
http://de.fc.yahoo.com/n/nahost.html
Stand: 11.11.1999